U0011419

哲學家，很有事？

漫談蘇格拉底和16位小夥伴

賈辰陽 著

［前言］

哲學家生命中最閃光的時刻

追求智慧的哲學起源於人的好奇心，這是亞里斯多德（Aristotle）在《形上學》明確提出的觀點。他解釋道：「一個有所迷惑與驚異的人，每每自愧愚蠢；他探索哲學只是為了擺脫愚蠢，顯然，他為求知而從事學術，並無任何實用目的。」強烈的好奇心能使人的求知欲跳出功利主義的牢籠，所謂「非關因果方為善，不計科名始讀書」，說的是這層意思。

好奇的意義不止於此，好奇心能促進人們跳出因循守舊的常規窠臼，不斷開拓創新、盛德日新。弗里德里希．尼采（Friedrich Nietzsche）在《快樂的科學》說：「習慣使我們雙手機巧，使頭腦笨拙。」拉爾夫．沃爾多．愛默生（Ralph Waldo Emerson）在《自立》說：「模仿就是自殺。」在我看來，將人從常識的束縛中解放出來，超越想當然的生活態度，既是哲學的功能，也是哲學的使命。

學習哲學的首要條件不是高智商，而是真誠！

尚－雅克．盧梭（Jean-Jacques Rousseau）在《愛彌兒：論教育》說：「做為『自然人』的小孩子寧願要一塊蛋糕，而不要一枚錢幣，因為小孩子不知道『錢』是什麼。」為什麼給別人一張紙，別人就得被這張紙奴役，去執行你要求他做的事情呢？文明人似乎都知道「錢」是什麼，但小孩子不知道，哲學家也不知道。哲學家「自知自己無知」，所以會思考何謂「貨幣」、「財產權」。所有名副其實的哲學家都是真誠的孩子，與其說他們的思想深奧難懂，不如說他們的靈魂光明澄澈。

伏爾泰（Voltaire）說：「除了無聊，什麼樣的風格都是好風格。」本書的每一頁，乃至每一段話，都帶給人驚喜和啟發，參閱大量哲學原典和研究文獻，所有內容皆有本有據，不因趣味性而損害資料的可靠性。為了達成這一目的，作者行文方式採用剪影和素描的手法，所謂剪影就是剪取各位哲學家生命中最閃光的片段，組合成篇，有如珠玉在盤，顆顆晶瑩剔透；所謂素描就是客觀記述哲學家的言行，杜絕三紙無驢的冗長鋪陳，以及不著邊際的個人發揮。

哲學家如果言行不一，理論的可信度就大打折扣。本書講述的十七位古希臘哲學家，都是表裡如一的風流人物，敢於將內在的思想體現在現實生活之中。犬儒第歐根尼（Diogenes）為了堅持自然的生活，膽敢在市場上手淫；蘇格拉底（Socrates）為了「寧肯天下人負我」的道德堅守，在飲下鴆酒後還侃侃而談，論證「靈魂不朽」；庇羅（Pyrrho）漠不動心地替豬洗澡；西奧多羅斯（Theodorus the Atheist）論證「好人不殉國」；詭辯的智者嘲諷「你這話是什麼意思」等問題；高爾吉亞（Gorgias）則驚世駭俗地論證「無物存在」……這些哲學家的故事，或幽默，或荒誕，或讓人扼腕嘆息，或讓人愀然警醒，皆是他們的情感和思想的真實表露。

靜靜地閱讀本書，想見他們的一顰一笑和一言一行，思想的光芒就會悄然照射到現實之中。

賈辰陽

二〇一九年十二月十一日

目錄
Contents

目錄
Contents

目錄
Contents

目錄
Contents

目錄
Contents

目錄
Contents

蘇格拉底

論正義

（Talk about Justice）

蘇格拉底（Socrates）對財富和正義有較為獨到的看法，我們看看他有哪些見解。

賺錢的人更愛財

舉凡不親手賺錢的人，多半不貪財；親手賺錢的才有一文想二文。像詩人愛自己的詩篇，父母疼自己的兒女一樣，賺錢者愛自己的錢財，不單是錢有用，還因為錢是他們的產品。這種人真討厭，他們除了讚美錢財外，別的都不讚美。

有錢的最大好處

對通情達理的人來說，有錢財就用不著存心作假或不得已而騙人。當他要到另一世界時，就不用為虧欠神的祭品和人的債務而心驚膽戰。蘇格拉底看來，有錢固然有種種好處，但比較起來，對明白事理的人來說，上面所講的才是他最大的好處。

正義是欠債還錢？

我們通常認為欠債還錢就是正義，假如你有個朋友在頭腦清楚時，曾把武器交給你，但後來他瘋了，向你要回去，任何人都會說不能還；如果還給他，就是不正義。朋友間應該與人為善，不應該與人為惡。如果把錢歸還原主，對收方或還方是有害的，就不算是還債。正義就是給每個人以恰如其分的報答，這才是真正的「還債」。據此，正義就是「把善給予友人，把惡給予敵人」。

正義者平時毫無用處？

友人生病時，醫生能把善給予朋友；航海遇到急風險浪時，舵手能把善給予朋友。正義的人在什麼行動中，在什麼目的之下，最能利友而害敵呢？應該是在戰爭中聯友攻敵時。

然而，當人們不航海時，舵手就無用；當人們不生病時，醫生就毫無用處；那麼不打仗時，正義的人豈不也毫無用處？

正義者在合夥關係中毫無用處？

如果正義在日常生活中有用，應該是在訂合約、立契約等事情上，即在合夥關係中。然而，下棋時，一個好而有用的夥伴，是下棋能手而不是正義之人；在砌磚蓋瓦的事情上，與瓦匠合作顯然比和正義之人合作更有用；奏樂時，琴師是比正義者更好的夥伴。

正義只在保管財物時有用？

合夥關係中，正義發揮作用，主要是在保管金錢財物之時。當你保管修枝剪刀時，正義於公於私都有用；但當你用刀整枝時，花匠的技術就更有用了。當你保管盾和琴時，正義是有用的，但利用它們時，軍人和琴師的技術就更有用。

這麼說，所有事物都這樣嗎？——它們有用，正義就無用；它們無用，正義就有用？

正義之人最擅長偷竊？

蘇格拉底說，讓我們換個套路討論這個問題吧！打架時，無論是動拳頭，還是操傢伙，最善於攻擊的人也最善於防守。同理，善於預防或避免疾病的人，就是善於造成疾病的人。善於防守陣地的人，也是善於偷襲的人，對被保護的東西而言，好的看守人也是高明的小偷。那麼，一個正義的人，只要善於管錢，就善於偷錢嗎？

就像是說：不會做假帳的會計不是好會計！

正義是助友害敵？

如果正義是「把善給予友人，把惡給予敵人」，就等於承認正義對人有害，即便它是對敵人有害。

蘇格拉底接著分析，馬受傷是馬之為馬變壞；狗受傷是狗之為狗變壞；人受到傷害，就是人之為人變壞，即人的德性變壞。當然，人的德性有虧，就變得更不正義，這點毋庸置疑。

如果正義就是「助友害敵」，被傷害的人因此變壞，變得不正義，會導致自相矛盾，等於正義會導致不正義。

蘇格拉底繼續說，音樂家不會用他的音樂技術使人不懂音樂；騎手不會用他的騎術使人變成更不會騎馬的人；正義的人不會用他的正義使人變得不正義。正如製冷不是熱的功能，而是和熱相反事物的功能；增溼不是乾燥的功能，而是和乾燥相反事物的功能；傷害人不是好人的功能，而是和好人相反者的功能。

正義的人能傷害人（害敵），正義的人就不是好人了嗎？

一論「正義是強者的利益」

沙拉敘馬霍斯（Thrasymachus）加入關於何謂「正義」的討論，明確提出：「正義是強者的利益。」他的論述如下：

政府是每一城邦的統治者，每個統治者都制定對自己有利的法律，平民政府制定民主法律，獨裁政府制定獨裁法律，依此類推。他們制定法律明告大家：凡是對政府有利的對百姓就是正義；誰不遵守，就有違法之罪，又有不正義之名。因此，我的意思是，任何國家裡，正義就是當時政府的利益。政府當然有權，所以唯一合理的結論應該是不管在什麼地方，正義就是強者的利益。

一 駁「正義是強者的利益」

蘇格拉底對沙拉敘馬霍斯的說法提出質疑：

各國統治者都正確呢？還是難免犯點錯誤？他們不是神，不是聖賢，他們立法時，有些法立對，難免有些法立錯了。所謂立對的法是對他們有利，立錯的法則是對他們不利。假如不管他們立什麼法，人民都得遵守，這就是你所謂的正義。不但遵守對強者有利的法是正義，連遵守對強者不利的法也是正義。

當統治者向老百姓發號施令時，有時會犯錯，但老百姓卻勢必得聽他們的號令，因為這樣才算正義。結果呢？所謂的正義反倒違背強者的利益呀！

二論「正義是強者的利益」

沙拉敘馬霍斯說：「蘇格拉底，你真是個詭辯家。醫生治病有錯誤，是不是正因為看錯病稱他為醫生？或如會計師算錯帳，是不是他算錯帳時，正因為算錯才稱他為會計師呢？不是的。這是馬虎的說法，他們有錯誤，我們也稱他們為某醫生、某會計或某作家。實際上，如果名副其實，他們都不得有錯。須知，知識不夠才犯錯，錯到什麼程度，他和自己的稱號就不相稱到什麼程度。工匠、賢哲如此，統治者亦是這樣。統治者真是統治者時是沒有錯誤的，他總是定出對自己最有利的種種辦法，叫老百姓照辦。所以我剛才就說過，現在再說還是這句話——正義是強者的利益。」

二駁「正義是強者的利益」

蘇格拉底認為醫生不是因為賺到錢才被稱為醫生，而是他有治病救人的技術；船長不是因為在船上才被稱為船長，而是他有自己的技術能領導水手們。每種技藝都有自己的利益，每一種技藝的天然目的就在於尋求和提供這種利益。

然而，醫術尋求的不是自己的利益，而是對人體的利益；騎術不是為了本身的利益，而是為了馬的利益。既然技藝不需要別的，任何技藝都不是為了本身，只是為它的對象服務。技藝是支配它的對象，統治它的對象。真正的醫生支配人體，不是賺錢；船長不是普通的水手，他要照顧的不是自己的利益，而是水手們的利益。

如此說來，任何政府裡的統治者，當他是統治者時，不能只顧自己的利益，而不顧老百姓的利益，他的一言一行都是為了老百姓的利益。

三論「正義是強者的利益」

沙拉敘馬霍斯說：「蘇格拉底呀！你的想像中，牧羊或牧牛的人把牛羊餵得又肥又壯是為牠們的利益，而不是為牧人或主人的利益。你更以為各國的統治者，當他們真正是統治者時，不把自己的人民當作牛羊；你不認為他們日夜操心是專為自己的利益。你距離了解正義和不正義、正義的人和不正義的人，簡直還差十萬八千里。因為你居然不了解：正義也好，正義的人也好，反正誰是強者，誰統治，它就為誰效勞，而不是為那些吃苦受罪的老百姓和受使喚的人效勞。

不正義正相反，專為管束老實、正義的好人而存在。老百姓替當官的效勞，用自己的勞動來使當官的快活，他們卻一無所得。頭腦簡單的蘇格拉底啊！難道你不該好好想想嗎？正義的人與不正義的人相比，總是處處吃虧。拿做生意來說，正義者和不正義者合夥經營，分紅時，從沒見過正義的人多分到一點，總是少分到一點。再看繳稅時，兩人收入相等，總是正義的人繳得多，不正義的人繳得少。等到有錢可拿，總是正義的人分文不得，不正義的人一掃而空。

要是擔任公職，正義的人就算沒有別的損失，他的私人事業會因為無暇顧及而弄得一團糟。他秉持正義，不肯損公肥私，不肯徇私情、做壞事，得罪親朋好友。而不正義的人恰好處處相反，我現在要講的就是剛才所說的那種有本事大撈油水的人。

如果舉極端的例子，就更容易明白了：最不正義的人就是最快樂的人；不願意為非作歹的人就是最苦惱的人。極端的不正義是大竊國者的暴政，把別人的東西，不論是神聖者的還是普通人的，公家的還是私人的，都肆無忌憚地巧取豪奪。平常人犯錯，查出來後，不但要受罰，而且名譽掃地，被視為大逆不道，當作強盜、拐子、詐騙犯、扒手。但那些不僅掠奪人民的錢財，而且剝奪人民的身體和自由的人，不但沒有惡名，反而被認為有福。受他們統治的人這麼說，所有聽到他們幹不正義勾當的人也這麼說。一般人之所以譴責不正義，不是怕做不正義的事，而是怕吃不正義的虧。蘇格拉底，不正義的事只要做得大，比正義更有利、更如意、更氣派。所以像我說的：正義是為強者的利益服務，而不正義對個人有好處、有利益。」

三駁「正義是強者的利益」

蘇格拉底說：「沙拉敘馬霍斯，你覺得只要餵飽羊就算是牧羊人，不需要為羊群著想。他像個好吃鬼，一心只想到羊肉的美味，或者像販子一樣，想的只是從羊身上賺錢。

你以為真正治理城邦的人，都很樂意幹這種差事嗎？沒有一種技藝或統治術是為本身的利益，前面已經講過的，一切營運部署都是為了對象（弱者），求取對象的利益，不是求取強者的利益。所以我說，沒有人甘願充當一個治人者去攬人家的是非。做了統治者，他就要報酬，因為在治理技術範圍內，他竭盡全力工作，都不是為自己，而是為所治理的對象。所以要讓人願意承擔這種工作，就該給報酬，或者給名、給利；如果他不願意做，就給予懲罰。

好人通常不肯為名、為利來當官，不肯為了職務公開拿錢被人當傭人看待，更不肯假公濟私、暗中舞弊，被人當作小偷。名譽不能動其心，因為他們沒有野心；於是要他們願意當官，就只能用懲罰強制。這就怪不得大家看不起沒有受到強迫、想當官的人。但最大的懲罰是你不去管人，卻讓比你壞的人來管你。我想像好人怕這個懲罰，所以勉強出來。他們不是為了自己的榮華富貴，而是迫不得已，實在找不到比他們更好的或同樣好的人來擔當。假如全國都是好人，大家會爭著不當官，像現在爭著要當官一樣熱烈。那時才看得出來，真正的治國者追求的不是自己的利益，而是老百姓的利益。所以有識之士寧可受人之惠，也不願多管閒事加惠於人。因此我絕對不能同意沙拉敘馬霍斯『正義是強者的利益』的說法。」

論「正義之人又笨又壞」

沙拉敘馬霍斯指出，不正義對人有利，而正義行為常對自己有害；不義之人聰明機敏，正義之人又笨又壞。「至少能征服許多城邦、許多人民的極端不正義者是如此。你或許以為我說的不正義者是指一些偷雞摸狗之徒。不過即便是小偷之徒，只要不被逮住，也自有其利益，雖然不能和我剛才講的竊國大盜相比。」

蘇格拉底的一連串追問，沙拉敘馬霍斯承認正義之人不喜歡爭雄好強，因此不想勝過其他正義之人，只想勝過不義之人；不義之人相反，不僅想勝過正義之人，也想勝過不義之人。總之，沙拉敘馬霍斯承認：正義之人只想勝過異類，而不義之人則既要勝過同類，也要勝過異類。

駁「正義之人又笨又壞」

蘇格拉底繼續說，音樂家調琴弦的鬆緊定音時，通常不會想著勝過別的音樂家，但他必定想要超過不是音樂家的人；醫生規定病人飲食，通常沒有留意要勝過別的醫生及醫術，但他肯定想勝過不是醫生的人。

知識與愚昧相比當然是好的，有知識的人是聰明，聰明人因此是好人，然而既好又聰明的人（例如音樂家和醫生）沒有想勝過同類。反而無知識的人，既想勝過有知識之人，也想勝過與自己同樣無知的人。也就是說，與又好又聰明的人相比，又壞又笨的人，既想勝過同類，也想勝過異類。

此前，沙拉敘馬霍斯已經承認，不義之人的特點是「既想勝過同類，也想勝過異類」，而今，具有這種特點的不義之人，恰好是又笨又壞的人。

當沙拉敘馬霍斯發現被蘇格拉底誘入自相矛盾的陷阱時，雖然繼續負隅頑抗，但滿臉通紅、大汗淋漓。

徹底的不義連像樣的壞事都幹不成

沙拉敘馬霍斯基本上已經失去戰鬥力，而蘇格拉底證明「正義是智慧與善，而不正義是愚昧無知」後，主動站到沙拉敘馬霍斯的立場上提出問題，他說：「世界上有不講正義的城邦，用很不正義的手段征服別的城邦，居然把許多城邦置於自己的奴役之下。然而，一個城邦、一支軍隊、一夥盜賊或任何集團，想要共同做違背正義的事，如果彼此相處毫無正義，就會陷入分裂、仇恨和爭鬥；相反的，正義使他們友好、和諧。不論在國家、家庭、軍隊或任何團體，不正義首先使他們不能共同行動，其次彼此為敵，與對立宗派為敵，也和正義的人們為敵。

我們看到正義的人的確更聰明能幹、更好，而不正義的人根本不能合作……他們殘害敵人，而不至於自相殘殺，還是因為他們之間多少還有點正義。就憑這麼一點正義，才使他們做事好歹有點成果；而他們之間的不正義對他們的作惡有相當的妨礙。因為絕對不正義的真正壞人，絕對做不出任何事情。」

正義是靈魂的德性

蘇格拉底說：「每一事物凡有一種功能，必有一種特定的德性，例如服牛乘馬、目視耳聽都不能紊亂。耳朵發揮聽力就是善；相反的，耳朵喪失聽力，就不成其為耳朵，因此就是惡。

心靈的德性是什麼？曰正義！正義的心靈是良善的，而不正義的心靈是邪惡的。一個人受到壞心靈的指導和管理，人生一定不幸福；而好心靈指導下的人生，一定充滿歡樂。所以，正義者是快樂的，不正義者是痛苦的。」

蘇格拉底

論虔敬

（Talk about Piety and Respect）

起訴父親犯謀殺罪

蘇格拉底被人以不敬神的罪名起訴，剛從法庭出來，就碰到年輕人游敘弗倫（Euthyphro）。交談中，蘇格拉底得知他要控告父親犯了謀殺罪，他堅信做法是真正「虔敬」神明的行為。

他告訴蘇格拉底：「死者是我家的雇工，我們在奈克索斯開墾土地時，他在農場幹活。有一天，他喝醉了，與家奴發生爭執，盛怒之下割斷家奴的喉嚨，而我父親把他捆綁起來扔在溝渠裡，然後派人去雅典問巫師該怎麼處置。由於被捆綁起來的人是殺人凶手，死了沒什麼大不了，因此父親一點都不在意。結果饑寒交迫，再加上手足被捆綁，派去雅典的人回來前就一命嗚呼。我控告父親殺人，但父親和其他親屬對我懷恨在心。他們說父親沒有殺那個人，死的人是殺人犯，對這種人不需要多加考慮，但父親確實殺了人。他們說兒子控告父親是不虔敬的，就像殺人一樣。」

虔敬神明vs.親親相隱

游敘弗倫認為對親人的愛護之情應該置於國家的法律之下，「如果親屬犯殺人罪而不去告發，你們的罪過相同，不僅不能洗脫自己的，也不能洗滌他的罪過」。這讓我們想起《論語．子路》的一段話，葉公沈諸梁告訴孔子，鄉鄰中有很正直的人，父親偷別人家的羊，兒子出面做證，進行揭發。孔子回答說，我們家鄉的「正直」並非如此，父親偷了羊，兒子替父親隱匿；兒子偷了羊，父親替兒子隱匿，這才叫「正直」。當家庭親情和國家司法出現衝突時，應該選擇哪一方？儒家選擇私情。直到孟子時，有人問孟子：大舜不是以孝聞名於天下嗎？如果舜的父親瞽叟殺了人，舜應該怎麼辦？孟子回答：「天子都不當了，背著父親逃亡海外。」

二〇〇二年，復旦大學劉清平教授在《哲學研究》發表一篇〈美德還是腐敗？——析《孟子》中有關舜的兩個案例〉，指出儒家有滋生腐敗的負面效應。此文激起千層浪，支持劉清平的鄧曉芒教授出版《儒家倫理新批判》，而維護儒家傳統倫理觀的儒生，以郭齊勇教授為首，出版論戰文集《〈儒家倫理新批判〉之批判》。儒家「親親相隱」的倫理屬於私人領域的私德，而法治精神必須延伸到公共領域。從學理上講，「親親相隱」有違法治精神。然而，網路上有人提議將劉清平教授逐出復旦大學。可見即使到了二十一世紀，質疑根深柢固的觀念，依然會遭受來自傳統勢力的極大衝擊。誠如羅素（Bertrand Russell）所言：「人們對思想的恐懼甚於對其他一切的恐懼，甚於破產，甚至超過對死亡的恐懼。思想具有顛覆性、革命性、破壞性，會引起可怕的後果，思想對權勢、對既定的制度和令人安逸的舊習慣毫不留情。」

沈諸梁提出何謂「直」的問題，而游敘弗倫則標榜知道何謂「虔敬」。

蘇格拉底聽到後非常激動，真誠地（非故意挖苦）請教游敘弗倫，願意做他的學生。因為他被人以「不虔敬」為罪名起訴，如果是游敘弗倫（深明「虔敬」真義的專家）的弟子，「不虔敬」之罪就難以成立。蘇格拉底說：「我可以說，來吧，美勒托，如果你認同游敘弗倫擁有這方面的智慧，就必須承認我也擁有真正的信仰，你一定不能起訴我。如果不願放棄，就必須控告我的老師，而不是控告我，你應當控告他腐蝕老人。」

「腐蝕老人」顯然是諷刺「腐蝕青年」的說法，因為蘇格拉底同時被人指控「腐蝕青年」之罪。

宙斯曾綁縛父親

蘇格拉底想要的是對「虔敬」的定義，這個定義應該在所有具體的虔敬行為中具有普遍性和內在的一致性，然而游敘弗倫從直觀出發，給出的不是一個定義，而是一個實例。

游敘弗倫說：「所謂虔敬就是像我現在做的這種事，起訴殺人犯或偷竊聖物的盜賊，或類似的罪犯，無論犯罪的是父母還是其他人，不控告他們就是不虔敬。正確的法律程序一定不能寬容不虔敬的人，無論他是誰。人類不是相信宙斯是諸神中最傑出、最公正的神嗎？他們不也承認宙斯（Zeus）把自己的父親克洛諾斯（Cronus）曾用鐵鍊捆綁起來嗎？因為父親不公正地吞食其他兒子，而克洛諾斯曾由於同樣的理由閹割父親烏拉諾斯（Uranus）。但這些人現在卻對我發火，因為我控告父親的罪惡，他們自相矛盾，對諸神是一種說法，對我又是另一種說法。」

虔敬是諸神一致喜悅的行為

問題是，神之間會發生戰爭、仇殺、鬥毆，有些神把一件事當作正確的，而有些神把另一件事當作正確的，高尚與卑鄙、善與惡的問題上同樣存有矛盾。每個神喜歡的是他認為高尚的、善的、公正的事物，與之相反的東西是他痛恨的，諸神因此產生爭執，發生戰爭。

蘇格拉底說：「如此看來，游敘弗倫，如果你現在要做懲罰你父親的事，使宙斯喜悅而令克洛諾斯和烏拉諾斯痛恨，赫菲斯托斯（Hephaestus）對此表示歡迎，希拉（Hera）對此表示厭惡，就一點都不奇怪了。」

無奈之下，游敘弗倫不得不對「虔敬」的界定進一步修正，認為令諸神「一致」喜悅的事情就是虔敬的行為，凡是不能令諸神「一致」喜悅的就是不虔敬。這個界定的問題在於「諸神喜悅」⇌「行為虔敬」，即兩者之間是迴圈關係，這是互為因果的循環論證。我們知道循環論證對於澄清問題而言，沒有任何實質性貢獻。

打破循環論證

蘇格拉底何許人也？一眼就看出問題所在，因此沒有繼續在「諸神之間無法達成一致」上徘徊，而是就「諸神喜悅⇅行為虔敬」這個循環進行破解，他要弄明白哪一方主動，哪一方被動。

蘇格拉底說：「不是有事物被看見才有某事物在看它，正好相反，由於某事物看它，因此它才被看見……每當有一種效果產生，或某事物受到影響，效果都不是由受到影響的事物而產生，是先有原因，才產生效果。」同理，「諸神喜悅⇅行為虔敬」的問題，是「由於該事物虔敬，所以被神喜愛，而不是因為被神喜愛，所以才虔敬」。這裡的主動和被動關係可以表示為「行為虔敬→諸神喜悅」。

基於同樣的邏輯，蘇格拉底指出：「另一方面，該事物被愛和被神喜歡正是因為神愛它。」也就是說，這個關係中，神是主動，而事物是被動；就如同觀看者是主動，而被觀看的事物是被動的一樣。於是問題出現了，即「諸神喜愛的東西與虔敬的東西不是一回事……虔敬的東西與諸神喜愛的東西也不一樣，它們是兩種不同的事物」。

主動和被動關係中，主動方掌控著局勢，因此在「行為虔敬→諸神喜悅」的關係中，只要一個人的行為虔敬，則諸神就喜悅，諸神是被動的。另一方面，諸神喜愛一個對象，這個對象就是被動，而諸神則是主動。

結果有點驚悚：如果「行為虔敬」必然導致「諸神喜悅」，則「行為虔敬」被包含在「諸神喜悅」的事物內，即「行為虔敬」∩「諸神喜悅」的事物。等於讓諸神喜悅的未必就是虔敬的行為；甚至可以說，瀆神的言行同樣可能是諸神所喜悅的。

虔敬與正義的包含關係

問題討論到這裡，再次進入無話可說的死胡同。接下來，蘇格拉底把「正義」引進討論之中。

如果一切正義的行為都是虔敬的行為，「行為正義」∩「行為虔敬」。這不難理解，例如凡是奇數都必然是數字，「奇數」∩「數字」。如果「行為正義」果真被包含在「行為虔敬」，意味著人們的一些行為雖然不正義（例如殺人放火），卻可能虔敬，因此就是蒙神喜悅的。另一方面，如果一切虔敬的行為都是正義行為，「虔敬行為」∩「正義行為」，意味著人們的一些行為雖然不虔敬，卻可能屬於正義的範疇。

無論出現上述哪種情況，只要「正義」與「虔敬」沒有完全重合，蘇格拉底就可以為自己受到的指控進行辯護。蘇格拉底的確說：「請試著用這種方式告訴我，在正義的範疇裡什麼是虔敬，這樣我們就能告誡美勒托，讓他停止對我作惡，放棄用不虔敬的罪名起訴我。」

虔敬是對諸神的侍奉

游敘弗倫顯然完全沒有跟上蘇格拉底的思路，他只是被蘇格拉底口中發出的詞語牽著鼻子走，面對「正義的範疇裡什麼是虔敬」這樣的問題，他像一隻順竿爬的猴子一樣，回答：「我認為在正義的範疇裡，虔誠和虔敬與人對諸神的侍奉有關，其餘的與人對人的侍奉有關。」

蘇格拉底開始分析「侍奉」的確切含義，他說：「假定你所說的對諸神的侍奉，不像眾所周知的照料馬匹這樣的事。」一切照料和侍奉的目標相同。人們所做的照料就是為被侍奉的對象提供好處和福利，例如馬如何在牧馬人的專業照料下得到益處，變得更好；獵犬因獵人的技藝而得益。「心懷虔敬地侍奉諸神，目的是為了使諸神得益，使他們變得更好，對嗎？你也會問，當你做了一件虔敬的事時，就使某些神變得更好了嗎？」

結論當然違背常識和禮俗，游敘弗倫指天誓日，說絕不敢這樣說，自己只是承認蘇格拉底對「侍奉」的第二層解讀，即「這種侍奉就像奴隸對他們的主人」。蘇格拉底進一步追問，人們享用醫生的「侍奉」得到健康，享用建築師的「侍奉」得到房子，享用農民的「侍奉」得到食物，諸神享用人們的「侍奉」將會得到什麼？

游敘弗倫回答：「如果有人知道在祈禱和獻祭時怎樣說和怎樣做才能令諸神歡喜，他就是虔敬的，這樣的行為能使家庭生活和國家利益得到保全。而與此相反的、不能使諸神喜悅的行為則不虔敬，會使一切遭到毀滅。」

然而，什麼是虔敬呢？蘇格拉底說：「獻祭就是把東西送給諸神，而祈禱不就是懇求祂們恩賜嗎？」「照這種推論，虔敬是一門向諸神乞討和給予的學問。」也就是說，「虔敬就是一門諸神與凡人之間相互交易的技術」。歐緒弗洛像撈到救命稻草一般，立即接受對於「虔敬」的新界定。

虔敬是凡人與諸神的交易技術

如果虔敬是諸神與凡人之間相互交易的技術，交易的東西就必須對彼此有用，否則沒有相互交易的必要。把對方不需要的東西送給對方，就算不上是禮物。這場凡人與諸神的交易，凡人得到和平與利益，諸神得到什麼呢？

游敘弗倫說諸神得到榮耀和世人的崇拜，還有人們的善意。蘇格拉底緊追不放，接著問：「游敘弗倫，虔敬使祂們喜悅，而不是對祂們有用，也不是被祂們熱愛，對嗎？」

游敘弗倫回答：「我相信使祂們喜悅的東西，就是祂們熱愛的東西。」

這一回答把整個討論直接帶回到起點：虔敬行為是使諸神喜悅的，令諸神喜悅的是虔敬的行為，因此重新陷入「諸神喜悅⇃⇂行為虔敬」的循環論證。蘇格拉底說：「你沒發現我們的論證轉一大圈又回到原來的起點嗎？你肯定沒有忘記前面論證的虔敬和令神喜悅不是一回事，它們是不同的，還記得嗎？」

對著遠去的背影呼喊

至此，游敘弗倫已經對虔敬下過三次定義：一、虔敬是使諸神一致喜悅的行為；二、虔敬是對諸神的侍奉；三、虔敬是凡人與諸神之間相互交易的技術。經過一番討論和辨析，游敘弗倫發現自己進退維谷，原本豪氣干雲，決心以「謀殺罪」把老爹告上法庭，以實現內心的虔敬和維護世間的正義，而今，卻發現自己對「虔敬」幾乎一無所知。

蘇格拉底又說：「如果你對什麼是虔敬，什麼是不虔敬沒有真知灼見，就為了雇工去告年邁的父親殺人是不可思議的。你會感到害怕，擔心自己做錯會引起諸神的憤怒，當然你也會害怕人們非議。但現在我敢肯定，你一定認為自己完全理解什麼是虔敬，什麼是不虔敬。告訴我你的想法吧，無與倫比的游敘弗倫，別再對我隱瞞了。」

此時游敘弗倫哪裡還有臉繼續討論，於是對蘇格拉底說：「來日方長，下次再說吧！蘇格拉底，我有急事，現在就得走。」

對著游敘弗倫遠去的背影，蘇格拉底高聲喊道：「你這是在幹什麼，我的朋友？我抱著滿腔熱情想要從你這裡學到什麼是虔敬，什麼是不虔敬，以便能夠逃脫美勒托的控訴，你卻把我扔下不管……你走了，我的希望全都落空了。」

蘇格拉底論愛情

（Talk about Love）

出神的蘇格拉底

去朋友家赴宴的途中，蘇格拉底再次陷入出神狀態，並離開同伴走近阿加松家。阿加松很了解蘇格拉底的習慣，不會因為他正站在隔壁「出神」而吃驚。看來，對蘇格拉底常「出神」這件事，大家已經習以為常。直到宴會過了一半，蘇格拉底才露面，他在阿加松的身邊就座，心情很愉快。

宴會結束時，賓客們按照醫生埃里克西馬丘（Eryximachus）的意見，決定不「灌酒」痛飲，不吹長笛，而是像哲人那樣以論道自娛。另一位賓客斐德羅（Phaedrus）提議頌揚愛神，每位賓客發表一篇頌詞，從斐德羅開始，這將是消磨長夜的好辦法。蘇格拉底立即贊同，聲稱這個建議極中他的意，因為「愛情的學問」是他唯一具備的知識。

關於「情人軍」的建議

斐德羅首先發言歌頌愛神，主要說兩點理由。第一個論點是應海希奧德（Hesiod）和一般宇宙起源論者的呼籲建立的，這些人推測愛神——生育衝動——是宇宙之初的第一原理。第二個論點是「愛情」是對志向最有力的激勵。情人為博得「心愛的人」的讚美，避免在對方面前出醜，什麼都願做，而且甘願忍受一切。

斐德羅說：「一個人想過上良好的生活，出身、地位、財富都靠不住，只有愛情像一座燈塔，指明人生的航程。我該怎樣描述愛呢？愛就是對邪惡的輕視，就是對善的盡力仿效，假如沒有愛，無論是城邦還是公民，都不可能從事任何偉大或高尚的工作。」

愛情激發人的志向，明顯的證據是：「有愛情的人如果想扔下武器，逃離戰場，就會擔心被情人看到，他寧可馬上死一千回，也不願在情人面前丟臉。有愛情的人不會眼見情人陷入危險而不去營救，縱然是膽小鬼也會在愛情的激勵下變成一名勇士。」

斐德羅認為，要是人們能建立一支「情人」的軍隊，這支軍隊就會戰無不勝。阿基里斯（Achilles）為情人復仇而戰死，神就恢復他的生命，把他轉移到「幸福群島」，以此獎賞這種獻身。然而，神卻不允許十足「膽怯的」音樂家奧菲斯（Orpheus）重新獲得歐律狄刻（Eurydice），因為他沒有為她而死的「勇氣」，而是未死就悄悄走入冥王府。

這篇對話本質上是以軍事價值為藉口，為一種選擇（所謂的「情人軍」主要是指「同性戀」）辯護，也是為斯巴達的理論和實踐所做的辯解。

兩位阿芙蘿黛蒂

帕薩尼亞斯（Pausanias）接著發言，與斐德羅不同，他特別考慮雅典人的道德情操。以道德為理由對斐德羅表示不滿，因為他未曾區分高尚的和可恥的「愛情」的界限。其實，這一區別甚至在神學中也被預示過。希臘神話中有新舊兩代愛神，或者說有兩位阿芙蘿黛蒂（Aphrodite）。

第一位阿芙蘿黛蒂並非男女雙方透過情欲結合而生，據海希奧德的《神譜》記載，克洛諾斯閹割父親烏拉諾斯後，將父親的命根子投入大海，於是大海上泛起一堆泡沫，從泡沫中生出一位女神，即阿芙蘿黛蒂。因為出生沒有沾染情欲，這位阿芙蘿黛蒂象徵的愛是「屬天之愛」；而第二位愛神則是宙斯和女海神狄俄涅（Dione）所生，稱為屬地的阿芙蘿黛蒂，這位塵俗的阿芙蘿黛蒂成為愛與美，以及奔放的情欲象徵。她被天后希拉指定嫁給醜陋的瘸子赫菲斯托斯，卻與戰神艾瑞斯（Ares）在河中偷情，被丈夫用網捉個正著。

047

蘇格拉底
論愛情

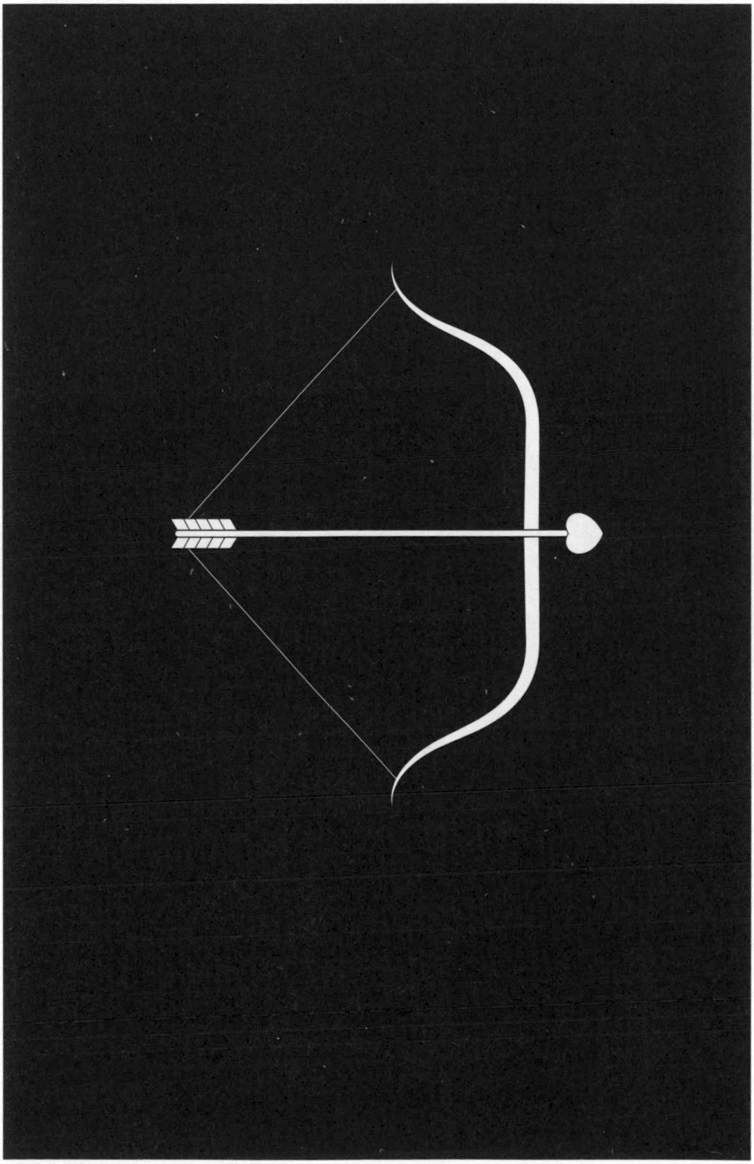

屬天之愛vs.塵俗之愛

帕薩尼亞斯認為：「屬地的阿芙蘿黛蒂的愛是一種非常世俗的愛，這種愛發揮作用的方式隨意，這種愛統治著下等人的情欲。首先，這些人既受女人吸引，也受男童吸引；其次，不管愛的是什麼人，他們關注的是肉體而非靈魂；最後，他們向最愚蠢的人求愛，因為他們追求肉體享受，根本不在乎這種享受是高尚還是卑鄙。這些人只要能找到作樂的對象，都會與之苟合，不管好壞。這就是年紀較輕的那位阿芙蘿黛蒂的愛，男人和女人都分有這種性質。」

與之相反，「屬天的愛源於出身與女性無關的女神，她的性質完全是男性，兩位阿芙蘿黛蒂中，這位女神較為年長，沒有沾染任何荒淫和放蕩。她的愛激勵人們把愛情放到男性身上，在這種愛的激勵下，人們會更喜歡強壯和聰明的人。我們總能看到，完全受這位比較年長的愛神支配的人，一般來說要到長第一撮鬍子時才會引人注目，即使對那些愛男童的人來說，理智尚未成熟的少年不會引起他們的愛慕。在我看來，愛上這般年紀的人，實際上是準備把自己的全部時間花在對方身上，要與對方共度一生；他不會利用少年的年幼無知來欺騙、誘惑，更不會喜新厭舊」。

愛情無對錯

帕薩尼亞斯繼續說：「我們可以這樣說，一切行為就其本身來說並無好壞之分。我們現在的聊天無所謂好壞，喝酒、唱歌、說話也不包含任何德性，因為每種行為的結果取決於它如何實施。實施方式正確，做得好，這個行為就是好的，若做得不好，這個行為就是壞的。這個道理適用於愛，值得敬重或高尚的不是愛本身，而只有在愛神的推動下，我們高尚地去愛，這時愛才值得敬重或高尚。」

我們同意愛無所謂好與壞的說法，僅當愛情導致善或惡的行為時，才可以說有好壞之分。壞人邪惡地放縱情欲，這種愛是卑鄙的，而有道德的人高尚地追求愛情，這種愛是高尚的。邪惡的、有愛情的人是世俗之愛的追隨者，他想要的是肉體而不是靈魂，他愛的對象是變化的、短暫的。所愛的肉體一旦色衰，他就遠走高飛，背棄從前的信誓，所有甜言蜜語都成為謊言。而追求道德之美的人會終生不渝地愛著情人，因為他所愛的東西絕不會褪色。

真愛vs.假愛

帕薩尼亞斯說：「如果有人為了從其他人那裡獲得金錢、職位或某種權力，就裝作對某人產生愛情，向他求愛——哀求、發誓、睡門檻、作踐自己，做出諸如此類連奴隸都不能忍受的事，結果會如何？不僅他的朋友，就連仇敵都會盡力制止他。仇敵會譴責他卑鄙下流，朋友則會為他感到羞恥。」「出於金錢或政治上的考慮，或者害怕受到威脅而委身於人是不道德的，簡言之，年輕人在各種好處的誘惑下接受愛情是不道德的。因為，做為動機的這些東西都不是確定或持久的，肯定不能產生高尚的愛情。」

相反的，「如果有人準備獻身於對另一個人的侍奉，相信透過他能夠增進自己的智慧或其他美德，我們就認為這種自願服從既不卑鄙，也不下流」。

屬天之愛永保高潔

抱著高尚動機的愛情縱然失敗也不足為恥，其他任何企圖無論有無實現，本身就是可恥。舉例來說，假如一位青年為了財富，接受看似很富有之人的愛意，後來發現看錯，那個人實際上很窮，是個身無分文的誘姦者。可見抱著這種希望接受愛情不可取，有這種希望表明他是個為了錢可以伺候任何人、做任何事的人，當然很不光榮。

再假定這個青年接受一個人的愛意，因為他相信這個人有美德，希望透過這種交往改善自己的品性，即使後來發現上當受騙，愛他的人實際上很壞，是個下流惡棍，這種錯誤仍包含某種高尚的成分，因為他的希望表明了自己是個什麼樣的人——為了取得美德方面的進步，願意為他人做任何事情。各位，這種情況不是比前一種情況更值得肯定嗎？總之，允許人們為了美德而擁有愛情，這種做法是正確的。

愛情是專制的氣壓計

有一個有趣的現象：幾乎所有文學作品，如果要表現反壓迫，就要使用愛情的主題。羅密歐與茱麗葉、梁山伯與祝英台等，教科書上說這些故事和人物形象都是反封建壓迫。原因何在呢？我們不做過多闡釋，先看看帕薩尼亞斯的解釋。

帕薩尼亞斯說：「統治者不希望臣民醉心於高尚的思想、締結堅實的友誼和發展親密的交往，而愛情最能引發這些事情。在雅典篡奪政權的人，從慘痛的經歷中得到相同教訓，因為正是阿里斯托革頓（Aristogeiton）的愛和哈爾摩狄奧斯（Harmodius）的友誼使他們的統治告終。可見凡是制定法律，把接受愛情當作壞事的地方，可以肯定這個錯誤的根源在於立法者，也就是說，一切源於統治者的壓迫和被統治者的懦弱。但話說回來，要是發現某個地方的法律，無條件批准愛情的合法性，你們同樣可以責備立法者的精神遲鈍。」

愛是和諧之源泉

接下來，本該是阿里斯托芬（Aristophanes）發言，但可能他吃太飽，正在打嗝，只好讓埃里克西馬丘先說。他是醫生，三句話不離老本行，從醫學的角度理解愛情。他說：「我贊成帕薩尼亞斯的發現，順從有美德的人是對的，屈服於惡人的愛是錯的，對身體來說也一樣……醫學可以說成是研究身體愛什麼的學問，或者說醫學研究的是欲望，研究欲望的補充和排除，能夠區分什麼欲望有害和什麼欲望有益的人可以稱為醫生，這是基於『醫生』這個詞的意義來說。」

醫生必須能夠調和身體中不和諧的元素，例如冷與熱、甜與酸、溼與乾等，迫使這些元素相親相愛，把愛與和諧注入對立的元素。同理，音樂的技藝就是透過解決高音和低音之間的不和來創造和諧。「進一步說，各種祭儀和占卜，亦即神人交際的這些方式，唯一注重的就是保存或治療愛。在大部分情況下，對神不虔敬是因為我們拒絕順從比較有節制的愛，拒絕尊重對我們有愛情的人，也因為我們對待父母（無論存亡）和對待諸神的態度，追隨的不是有節制的愛，而是另一種愛。指導或治療這些愛就是占卜者的職責，占卜本領使他們能識別哪些愛的原則可以使人保持尊嚴和敬畏神明，愛實際上就是神人之間和諧的源泉。」

被劈開的「陰陽人」

接下來是阿里斯托芬發言，為了解釋愛情的本質，他先講神話故事，闡明對人類本性的理解。他說：「你們要知道，人本來分成三種，也就是說，原本除了像我們現在這樣有男、女這兩種性別，還有第三種性別，既是男性又是女性。這種人現在已經絕跡，但他們的名稱仍保留至今。『陰陽人』這個詞現在只表示輕蔑，但過去確實有一種不男不女或半男半女的人。

最初的人是球形的，有著圓圓的背和兩側，有四條胳膊和四條腿，有兩張一模一樣的臉孔，圓圓的脖子上頂著一顆圓圓的頭，兩張臉分別朝前後不同方向，還有四隻耳朵，一對生殖器，其他身體各組成部分的數目都加倍。直著身子行走，像現在一樣，但可以任意向前或向後，等到要快跑時，他們就像車輪一樣向前翻滾。如果把手算在內，實際上有八條腿，可想而知，滾得非常快。

男人是太陽生的，女人是大地生的，陰陽人是具有兩種性別特徵的月亮生的。他們的體力、精力、品性也是這樣，所以實際上想要飛上天庭，對諸神造反，就像《荷馬史詩》的厄菲阿爾特斯（Ephialtes）和俄圖斯（Otus）。於是宙斯和眾神商討對付人的辦法，他們茫然不知所措，因為不想用從前對付巨人的辦法，用霹靂把他們全都打死，這樣就沒有人會對諸神進行獻祭和崇拜，但又不能容忍人類的蠻橫無理。宙斯絞盡腦汁，最後終於想出解決辦法。

宙斯說有一個辦法可以削弱人類，既能消除動亂又不至於把人全都毀滅。把他們劈成兩半，這是一石二鳥的妙計，一方面使他們每個人只有原來的一半能力，另一方面數目加倍，侍奉我們的人就加倍了。宙斯還說，讓他們以後用兩條腿直著走路，如果再搗亂，就再劈成兩半，讓他們用一條腿跳著走路。」

愛情就是尋找「另一半」

宙斯說到做到，把人全劈成兩半，就像切青果做果脯和用頭髮切熟雞蛋一樣。切完後，阿波羅（Apollo）奉宙斯之命把人的臉孔轉過來，又把切開的皮膚從兩邊拉到中間，到人的肚皮的地方，就像用繩子紮上口袋，最後打個結，留下的這個小口子叫肚臍。

被劈成兩半的人都非常想念另一半，奔跑著聚在一起，互相用胳膊摟著對方的脖子，不肯分開。他們什麼都不想吃，什麼都不想做，因為不願離開另一半。

阿里斯托芬接著說：「我們都只是半個人，就像兒童們留作信物的半枚硬幣，也像一分為二的比目魚。每個人一直在尋求與自己相合的那一半。男人做為切開的陰陽人的一半，當然會吸引女人，例如誘姦者；而做為切開的陰陽人一半的女人也會追求男人，例如與他人通姦的妻子。由原始女人切開而來的女人對男人沒有多大興趣，只眷戀與自己同性的女人，就是所謂女同性戀者；由原始男人切開而來的男人則是男人的追隨者，從少年時代就愛和男人交朋友，藉此表現出男子氣慨，他們喜歡睡在一起，乃至於互相擁抱。」

愛神具備一切美德

輪到阿加松發言，在阿里斯托芬的講話中，所有滑稽和粗俗言詞之下存在著真實感情，而從阿加松那裡，聽到的只是華麗的辭藻。蘇格拉底對阿加松的發言頗為不滿，說他滔滔不絕的言論如同美杜莎（Medusa）的蛇髮腦袋，看一眼就會把自己變成石頭，頓時啞口無言。阿加松認為愛神具有一切美德，重要論據如下：

第一是公正。「祂從來不會受到諸神和凡人的傷害，不會傷害諸神和凡人。愛神能承受的任何東西都不需要借助暴力，暴力根本無法觸及愛神，祂也不需要用暴力激發愛情，因為世人無法強求愛神，只能自願侍奉祂。我們知道，雙方情投意合才能激起愛情的衝擊，這種愛情才是正義，受國家法律保護。」

第二是節制。「節制確實被定義為掌控我們的快樂和情欲的力量，而世上沒有一種快樂和欲望能比愛情更強大。」「征服者比被征服者強大，因此愛神透過對其他一切神祇的征服，表明祂是一切神祇中最強大的。」

第三是智慧。「無論我們以前對作詩多麼外行，只要處在愛情中，每個人都是詩人。我們不需要對此進一步的證明，只要知道愛是通曉各部門的詩人，這些部門可以簡要地定義為創造性的技藝。」「各種技藝和手工中，藝術家和工匠只要在愛神的指引下工作，就能取得光輝成就，不受愛神影響的藝術家和工匠，到老都一事無成，默默無聞。這些難道看不到嗎？企盼和欲望引導阿波羅發明射箭、醫藥和占卜的技藝，所以阿波羅可算是愛神學派的一名成員。」

愛神可能是醜陋的

蘇格拉底的追問下，阿加松承認愛是對某一事物的愛。顯然，愛神欲求祂愛的對象，不管渴望得到的對象是什麼，未得到時，愛意都更為強烈。可以肯定，一切事物渴求的東西都是它缺乏的東西，沒有任何事物會去謀求不缺乏的東西。

蘇格拉底說：「如果聽到有人說我是健康的，我還想要健康；我是富裕的，我還想要富裕，實際上想要已經得到的東西，我想我們可以公正地說，親愛的先生們，你已經得到財富、健康和力量，想要的是繼續擁有它們，因為此刻不管你想不想要，你都已經得到了。」因此，想要得到就證明尚未擁有。愛是對美麗的愛，不是對醜陋的愛，也就是說，愛不擁有美，它缺乏美。而缺乏美、不擁有美的東西，本身不會是美的，是美的反面——醜陋。

所以，愛神可能非常醜陋。

愛神是富有與貧窮之子

當蘇格拉底開始正式發言時，和阿里斯托芬一樣，先講從女巫狄奧提瑪（Diotima）那裡聽來的神話故事：

當初，阿芙蘿黛蒂誕生時，諸神設宴慶祝，其中有技藝神之子富有神。晚宴剛畢，貧乏神來到門口行乞，祂聽到裡頭傳來歡聲笑語。富有神多飲了幾杯瓊漿，喝醉了，信步走到宙斯的花園，倒頭昏沉沉地睡去。貧乏神缺的就是富有，心裡想著要和富有神生個孩子，就跑過去睡在祂旁邊，於是懷孕了，懷的就是愛。因此，愛成為阿芙蘿黛蒂的跟班和僕從，因為他是在阿芙蘿黛蒂的出生日投胎，此外他生性愛美，而阿芙蘿黛蒂就是美。

愛是貧乏神與富有神的兒子，命中註定要貧困，不像我們相信的那樣文雅和俊美，而是相貌醜陋、赤著腳、無家可歸，經常睡在道路旁，沒有床褥，繼承著母親的貧困。

但另一方面，愛繼承一部分父親的稟賦，追求美和善，因此勇敢豪爽、精力充沛、幹勁十足，是一名能幹的獵人，擅長使用各種計謀。生來充滿欲望，非常聰明，終生追求智慧，是玩弄巫術騙人的能手。

他既不是可朽，也不是不朽，不會完全處於貧乏狀態，不會完全脫離貧乏狀態。還有，愛處於無知和智慧的中間狀態。諸神不會尋求真理，祂們不企盼智慧，因為祂們是聰明的——已經擁有智慧的諸神沒必要尋求智慧。另一方面，無知的人不會尋求真理或想要變得聰明，原因在於他們既不擁有美和善，也不擁有理智，滿足於現有狀態，不會企盼從來沒有丟失過的美德。

創作即詩、企盼即愛

講完故事，蘇格拉底說，我們習慣於列舉式定義方法，例如把愛的某一個方面指出來，然後稱作愛，其他許多名詞的定義上，我們會犯同樣的錯誤。舉創作來說，你們全都同意在「創作」這個詞的真正意義上——使從前不存在的東西產生——創作的種類不只一種，因此每一種創造性的技藝都是詩歌，每一位藝人都是詩人。

但我們不把他們都稱作詩人，我們對各種技藝取不同名稱，只有與音律有關的技藝才稱為詩歌，而實際上是各種技藝的總稱。現在只有一種技藝被稱為詩歌，而擁有這門技藝的人就是所謂的詩人。

愛的問題也是這樣，這種人人皆知、能迷倒所有人的力量，包括各種對幸福和善的企盼。但我們這些從事商務、體育、哲學等各種行業、有著這種企盼的人從來不被人們說成處在愛情之中，從來不被認為是有愛情的人，而只有獻身於僅有的一類愛的活動的人才被賦予愛的名稱，而這個名稱本來應當用於其他行業。

愛不尋求另一半

蘇格拉底接著說，有人認為有愛情的人是那些尋找另一半的人，但除了求善，愛絕不會企盼任何事物的另一半或全部。如果確信手腳對他們來說是壞的，他們就會砍去手腳。例如蝮蛇螫手，壯士斷腕，就屬於這種情形。只有在善屬於自己、惡屬於其他人的意義上，才會讚美擁有的東西，因為我們愛的對象是善的，只愛善的事物，不愛其他東西。因此，愛的行為就是實現善，既在身體中，又在靈魂中。

一切可朽者都在追求不朽

蘇格拉底繼續說，我們每個人都有生育能力，既表現在身體，又表現在靈魂，我們長到一定年紀，天性就會催促我們生育。醜陋不能加速這種生育，只有美麗能。人的生育是神聖的，可朽的人具有不朽的性質，靠的就是生育，但不能在不和諧的事物中實現。醜與神聖不能和諧，而美與神聖完全相配。

可朽者在盡力追求不朽，生育是達到這一目的的唯一途徑，除此之外別無他途。無論是地上走的，還是空中飛的，到了確定的時刻都充滿這種欲望，首先交配，然後哺育幼崽和幼鳥；為了保護後代，連最弱小的動物都敢於和最強大的動物搏鬥，甚至不惜犧牲性命；只要能養育後代，自己甘願忍受饑餓和痛苦。

儘管談論個體時，總把它當作一生中以同樣形式存在的生命，因此假定一個人從小到老都只是一個人。然而，一個人雖然始終用同一個名字，但他的每個面向都在變化，每一天他都是一個新人，而原來的他已不再存在。我們可以看到他的頭髮、肌肉、骨頭、血液，以及身體的其他部分在變化。不僅身體變，靈魂也在變。性格、氣質、思想、欲望、快樂、痛苦、恐懼都不是終生不變，而是有些在出現，有些在消失。

這條原則用在分析人的知識上更加令人驚奇，關於事物的知識，有些在增長，有些在遺忘，可見在知識方面，我們從來不是同一個人。對每一知識部門來說，這條原則也適用。當我們學習時，真正意思是我們的知識在消失，由於知識消失了，所以忘了，要透過學習來補充遺忘的知識，使知識狀態看起來和從前一樣。

身體方面有生育能力的人把他們愛的對象轉向女人，生兒育女，建立家庭，以這種方式使自己的名字永遠常青。但那些在心靈而非在身體方面有生育能力的人，會在其他心靈中播下自己的種子——這些人並非默默無聞，他們產下來的東西是什麼呢？是智慧和其他美德，每個詩人都以生育它們為職責，任何創造性的技藝都發揮這種作用。

只要還能想起荷馬（Homer）、海希奧德和其他大詩人，有誰會不樂意當偉大的父親，而僅滿足於生育肉體的子女呢？他們留下的作品是不朽的，而這些作品又替它們的父母留下不朽的英名，怎麼會讓人不嫉妒呢？

愛情的天梯

狄奧提瑪把愛情的基本教義傳授給蘇格拉底，內容如下：

第一步，一個人可以愛上某個具體的美的身體，使他的欲望可以轉向高尚。

第二步，他必須思考身體之美如何與其他的美相互聯繫，他會明白如果過分沉醉於形體之美，就會荒謬地否認一切形體的美都是同一種美。到這一步，就會設定自己應當愛一切美的形體，而把自己對某個對象的愛限制在恰當的分寸上，視其為渺小、不重要的。

第三步，他應該學會把心靈美看得比形體美更為珍貴，如果遇見一個美的心靈，縱然形體上不美，也會愛上他，並且珍視這種愛情。他會期待與這樣的心靈對話，加速養成自己高尚的品性。經過心靈之美，他會被進一步導向思考法律和體制之美。等發現各種美之間的聯繫與貫通之處，他會得出結論，形體之美不是最重要的。

第四步，他的注意力應當從體制被導向各種知識，使他能看到各種知識之美。憑藉對美的廣大領域的了解，他不會再像卑微的奴隸，把愛情專注於某一個別的美的對象，如愛一個少年，愛一個男人，愛一種體制。這時他會用雙眼注視美的汪洋大海，凝神觀照，發現在這樣的沉思中，能產生最富有成果的心靈對話，能產生最崇高的思想，能獲得哲學上的豐收，這時他就全然把握這類知識，即關於美的知識。

這種美是永恆的，無始無終，不生不滅，不增不減，因為這種美不會因人而異，因地而異，因時而異，它對一切美的崇拜者而言都相同。這種美景不會表現為一張臉、一雙手，或身體某一部分的美。它不是話語，也不是知識；不存在於其他個別的事物中，例如動物、大地、天空之類的事物；它自存自在，是永恆的一，而其他一切美好的事物都是對它的分有。然而，無論其他事物如何分有它的部分，美本身既不會增加，也不會減少，仍舊保持著不可侵犯的完整。

就這樣，當原先那種對美少年的愛，引導我們透過內心的觀照到達普世之愛時，就已經接近終極啟示。這是引導人接近和進入愛的聖地的唯一道路。從個別的美開始探求一般的美，他一定能找到登天之梯，一步步上升——從一個美的形體到兩個美的形體，從兩個美的形體到所有美的形體，從形體之美到體制之美，從體制之美到知識之美，再從知識之美進到僅以美本身為對象的學問，最終明白什麼是美。

聊到東方既白

《會飲篇》隨後的話題轉向蘇格拉底，因為雅典的超級帥哥阿爾西比亞德斯（Alcibiades）突然到來，並且已經喝得醉醺醺，一屁股坐在阿加松和蘇格拉底之間，談話轉向討論大家心目中的蘇格拉底。接下來的內容幾乎全部是阿爾西比亞德斯的敘述，為世人留下一幅關於蘇格拉底的生動素描。再後來，又有一票人到來，昏天黑地，喧鬧狂飲。

當時是冬天，夜特別長。直到天快亮、聽到雞叫時，人們發現其他客人睡的睡、走的走，只有阿加松、阿里斯托芬和蘇格拉底醒著。他們還在喝酒，一杯接一杯，從左到右地一輪接一輪。

天亮時，阿里斯托芬實在撐不住就先睡著了，然後阿加松跟著睡去。蘇格拉底把他們安頓好，起身離去。他在呂克昂洗澡後，像平常那樣度過一天，到晚上才回家休息。

蘇格拉底

論靈魂

（Talk about Spirit and Soul）

《斐德羅篇》通常與《會飲篇》放在一起讀，因為主題相互聯繫。

呂西亞斯版「肉欲高於愛情」

斐德羅遵照醫生囑咐，正在城牆外的鄉間散步健身，蘇格拉底碰巧遇見他。斐德羅為了與蘇格拉底作伴，破例放棄偏愛的活動，和他一起到街市。蘇格拉底隨即勸斐德羅在河邊的梧桐樹蔭下坐著，兩人促膝長談。第一個話題是愛，斐德羅把手頭的一篇文章讀給蘇格拉底聽，這篇文章受到世人的讚許，而蘇格拉底對此表示反對。這篇文章是呂西亞斯（Lysias）寫的，論點可以總結為「肉欲高於愛情」，論證內容大致如下：

第一，陷入浪漫愛情的人頭腦發熱，追求對象的過程不計後果，然而，一旦追求的對象到手就會反悔，想要收回以前付出的恩惠。而以肉欲為主導的人卻不會這樣，他們沒有被愛情沖昏頭腦，施予恩惠時會量力而行，同時顧及自身利益，不會為了愛情而忽略事業，不用算計過去花費的心機，不會與親屬發生爭執。

第二，也許你敬畏既定的習俗，害怕愛欲之事洩露後受到民眾指責。如果是這樣，你可以看到陷入浪漫愛情的人以為每個人都會崇拜他，就像他崇拜自己一樣，因此會驕傲地談論他的愛情，宣稱他的愛情非常成功，以此掩飾實際的空虛；而以肉欲為主導的人則能夠控制自己，寧可做最適宜做的事，而不願在鄰居面前炫耀。

第三，陷入浪漫愛情的人會阻止他的戀人與其他人交往，生怕富有的情敵會用錢財把戀人奪走，或擔心有文化的情敵在智力上超過他，因此始終對比他強的人保持高度戒備。透過勸你不要與這些對手交往，使你在這個世上一個朋友都沒有。換個角度說，如果追求自己的利益，比你的戀人頭腦更為清醒，你就不得不與他爭吵。另一方面，沒有愛情的人，不會嫉妒其他與你交往的人，反而會厭惡不和你來往的人，因為他相信不和你交往就是看不起你。和你交往的人關注的是與你交友，而不是成為情敵。

蘇格拉底版「肉欲高於愛情」

呂西亞斯事實上未在論文顯示任何「創新」，只不過詳細論述顯而易見、任何人都不會忽略的論點：戀愛者情欲的「盲目」和悖理。作品的全部優點僅止於此，斐德羅雖然承認這一點，但略帶挑釁地要蘇格拉底比呂西亞斯更好地論述同一主題——戀愛者情欲公認的「瘋狂性」。

對此，蘇格拉底的觀點如下：

我們注意到，每個人都有要遵循的主導原則。這些原則有兩種，一種旨在追求快樂、天生的欲望，另一種旨在追求至善、後天獲得的判斷力。這些內在的指導有時一致，有時不一致；有時這個原則占上風，有時那個原則占上風。當我們在判斷力的理性指導下追求至善時，有了被稱為節制的指導思想；但當欲望拉著我們不合理地趨向快樂並統治時，這種統治就被稱為放縱……如果對食物的欲望控制決定什麼是至善的判斷力，並使之超越其他欲望，這就叫饕餮；當竭力追求肉體之美的力量控制人的判斷力時，這時最強烈的欲望就叫愛情。

愛情在精神、身體和財產三方面對人有損害。

第一，浪漫愛情有害於人的精神。陷入浪漫愛情的人一定不會讓被愛者接近哲學，他擔心因此遭到被愛者的藐視。總體說來，有愛情的人一定想要使被愛的人變得完全無知，完全依賴於愛他的人，以這樣的方式確保自己能獲得最大程度的快樂，而這同時意味著對被愛者的最大傷害。

第二，浪漫愛情有害於人的身體。戀愛者寧可追求弱不禁風的對象，也不會追求身體強壯的年輕人。理想中的愛人終年生活在溫暖舒適的小屋裡，從來不去戶外呼吸新鮮空氣，更不知辛勤勞作和流汗的訓練是什麼滋味，他的愛人缺乏天然健康的膚色，靠塗脂抹粉來取媚於人。

第三，浪漫的愛情對財產有害。有一點人人都清楚，尤其對有愛情的人來說，首要的考量是把他愛戀的人視為最體己的人，是他最寶貴的財產和情感寄託，因此他希望戀人的父母、親戚、朋友全都死光，以免影響或阻礙他與戀人來往。不過，如果這位戀人擁有家產、金錢或其他財產，就會認為這個戀人不容易到手，或者難以駕馭，因此他希望戀人永遠單身，一輩子沒有妻子、兒子、家庭，這樣才能長久自私地享樂。

四種善的「迷狂」

蘇格拉底繼續論述：

戀愛者是「迷狂者」，不戀愛的人保持著清醒的頭腦，通常神志清醒比「迷狂」好。假如只存在一種迷狂——一般性瘋狂，這會是真實的命題。但在一般性「迷狂」外，還有四種善的「迷狂」。

第一是預言。德爾菲的女祭司迷狂時，為希臘國家和個人獲取那麼多福澤，我們要對她們感恩；但若她們處於清醒狀態，就會所獲甚少或一無所得。古人不把迷狂視為羞恥，反而視為一份珍貴的禮物，是神靈的恩賜。

第二是齋戒。由於前輩犯下的罪孽，有些家庭有人因此發瘋，遭到災禍疾疫等天譴，為了找到禳除的方法，他們向神靈禱告，舉行贖罪除災的儀式，結果參加儀式的受害者進入迷狂狀態，從此永遠脫離各種苦孽。這種迷狂對受害者來說，既是神靈的憑附，也是救贖。

第三是詩才。繆思（Muses）憑溫柔、貞潔的靈魂，激勵它上升到眉飛色舞的境界，尤其流露在各種抒情詩中，讚頌無數古代的豐功偉績，為後世垂訓。若沒有繆思的迷狂，無論誰去敲詩歌的大門，追求使他成為好詩人的技藝，都不可能。與那些迷狂的詩人和詩歌相比，他和神志清醒時的作品都黯然無光。

第四是愛情。我們不要害怕迷狂，不要被那種論證嚇到，認為神志清醒就一定比充滿激情好。愛情不是上蒼為了愛者和被愛者雙方的利益而恩賜的，我們要證明的正好相反，這種迷狂是諸神的饋贈，是上蒼給人的最高恩賜。

073 蘇格拉底
論靈魂

靈魂是自動者

蘇格拉底將話題轉向靈魂：

一切靈魂都是不朽的，因為凡是永遠處在運動中的事物都是不朽的。要由其他事物來推動的事物會停止運動，因此會失去生命；而自發運動的事物只要不放棄自身的性質，就絕不會停止運動。

這個自動者是其他被推動事物的運動源泉和運動的第一原則，做為第一原則的這個事物不可能是產生出來的，因為一切事物的產生都必須源於第一原則，而第一原則不可能源於其他事物，如果第一原則有產生源頭，就不再是第一原則。

自動者是運動的第一原則，滅亡就像它的產生一樣，是不可能的；否則整個宇宙，一切生成的事物都將崩潰，成為死寂，要找到另一個能使之再次產生的運動源泉絕不可能。

我們可以毫不猶豫地說，這就是靈魂的本質和定義，也就是說，靈魂的本質是自動。任何物體的運動如果源於外部，這個事物就沒有靈魂；但若一個物體的運動源於自身，這個物體就是有生命，或有靈魂。

如果以上推理正確，恰當的結論就是：推動自己運動的東西就是靈魂，靈魂不生不滅。

人是墮入肉體的靈魂

蘇格拉底進一步說：

讓我們把靈魂的運動比作一股合力，就像拉一輛車的飛馬和一位能飛的馭手。諸神的飛馬和馭手都是好的，血統高貴，但對其他生靈來說並非完全如此。至於凡人用的馬車則有兩匹馬拉車，一位馭手駕車，如果其中一匹馬是良種駿馬，另一匹是雜種劣馬，馭手要完成任務就非常困難，經常會遇到麻煩。

如果靈魂完善，羽翼豐滿，就會在高高的天空飛行，主宰全世界；若有靈魂失去羽翼，就向下落，直到碰上堅硬的東西，然後附著於凡俗的肉體。由於靈魂擁有動力，被靈魂附著的肉體看上去就像能自動似的。

眾靈魂在諸神的指引下繞著蒼天的範圍行進，維護萬物普遍的秩序。整個漫長旅程的目的地，是透過登上全部蒼天之外的地區——「實在的草原」，到達後，遊行隊伍停下來，並在「無形、無色或無可觸知其特性的、沒有肉體的實在」（即理念、形式）的沉思中，享受安息日的休憩；這是真實的靈魂之家，是靈魂的精神食糧的源泉。

靈魂墮落的程度

蘇格拉底繼續說：

第一次再生時，靈魂不會投生為任何獸類，而投生為人，看見大多數真實存在（即理念、形式）的靈魂會進入嬰兒體內，長大後註定會成為智慧或美的追求者，或者說成為繆思的追隨者和熱愛者，這是第一類靈魂。

第二類靈魂看到的少一點，投生為人後會成為守法的國王，或者成為勇士和統治者。

第三類靈魂投生為政治家、商人或企業家。

第四類投生為運動員、教練或醫生。

第五類會過預言家或祕儀祭司的生活。

第六類最適合成為詩人或其他模仿性的藝術家。

第七類將會過匠人或農民的生活。

第八類成為智者或蠱惑民眾的政客。

第九類則成為僭主。

所有靈魂投生肉體的過程，凡是依照正義生活的，以後可以獲得較好的命運，而不依正義生活的命運較差。每個靈魂要用一萬年才能回到原來的出發點，因為它不可能在更短的時間恢復羽翼，除非靈魂真誠地追求智慧，或者將愛欲用來追求智慧。靈魂如果在千年一度的運行中連續三次選擇這種哲學的生活，到了三千年結束時，就可以恢復羽翼，高飛而去。

但哲學家的靈魂經常專注於對天界的「實在」回憶，而神之所以為神在於對這些光輝景象的觀照，這樣的人既然漠視凡人所重視的事情，聚精會神地觀照神明，就不可避免地受到公眾譴責，被當作瘋子，因為公眾不知道他其實由神憑附著。

愛是靈魂成長的證明

按照蘇格拉底的說法，我們的感覺經驗只不過提供少數模糊不清的關於公正、節制和其他形式的意象，而美在感覺經驗中，卻被格外感人地勾畫出來；而感覺經驗喚起「回憶」的作用因此更為驚人。幾乎失去神聖的美的印象的靈魂中，美的塵世的輪廓作用，只是挑起與美麗肉體交媾的「獸性」欲念。但剛從對精神的美的深刻沉思中回復的靈魂，一見到塵世的美便激起虔誠的敬畏和崇拜。靈魂之翼開始抽條發芽，而這個過程猶如牙齒成長，痛楚間夾著寬慰的混合過程；愛人不在就痛苦，有他作伴就安適和歡樂。

戀愛者只要能獲得內心渴望的友誼，就樂意放棄其他交往，忽視財產，把習俗置之度外，人們稱為「陷入愛情」，正使人的精神之翼真正重新生長，哪一種人會激起這種熱情是戀愛者特殊氣質的問題。最美好的一類人身上，喚起這種熱情的素質是「愛智慧」和「堂堂正正的品格」；其他人則受不同的稟賦誘惑。每種情況下，「戀愛者」要把「當作偶像崇拜的」對象塑造成愈來愈完美、雙方都崇奉「神」的形象，因此他們之間的愛情就隨著這個過程不斷成長。

我們必須記住關於人類靈魂的比喻，即馬匹之間血緣種系的差別。較好的馬循規蹈矩，勇敢謙恭，「品種優良」，較差的馬則「時常脫韁」。當馬車的駕馭者全神貫注地沉思愛人時，好馬謙恭地抑制自己的感情，但劣馬卻貪求肉體享樂，不顧韁繩和鞭子，

「脫韁逃跑」。劣馬也許會被「拉傷腰腿」，但牠堅持掙扎，當開始於一方的情欲與另一方相互作用時，真正強烈的誘惑時刻就到來了。如果這種誘惑得到有效抵制，這對情侶就贏得一次「奧林匹克的勝利」，必須有三次這樣的勝利才能把他們從肉體的化身中解放出來。從今以後他們已控制住自身的邪惡，贏得自由。

若他們的生命只被引向次好的東西——「榮譽」，而不是導向最好的東西——「智慧」，稍不留神，那匹邪惡的馬就可能掙脫羈絆，隨意行動，生命終了的時刻，他們依舊「沒有翅膀」，雖然他們「渴望長上雙翅」，然而即使這樣也是一得。至少是走上天路歷程的一個開端，其餘的定將到來。

蘇格拉底認為這就是與真實戀愛者結合所能被賜予的東西，和「不在戀愛」的人發生親密關係，會導致靈魂的鄙狹，錯誤地將其當成德性，導致在人間和地下度過九千年的「愚昧」時期。

為什麼不能自殺？

柏拉圖（Plato）《斐多篇》對靈魂問題的討論，斐多（Phaedo）是蘇格拉底最忠實的追隨者之一，蘇格拉底臨終飲下毒酒的時刻，他一直守候在身旁。《斐多篇》便是對他所見和所聞的記錄，本篇主要闡述蘇格拉底對於靈魂的見解。蘇格拉底面臨死亡，討論的第一個問題是：人是否可以自殺？

人生有時對某些人來說生不如死，死亡肯定會為他們帶來好處，但為什麼自殺就是不正確的呢？蘇格拉底說：「人類就像被關押的囚犯，不能解放自己，不能自行逃跑，在我看來是高級的教義，含義很難弄清……諸神是我們的看護，人類是祂們的財產。」如果你的財產在沒有得到允准的情況下消失，你肯定會感到憤怒，如果可以，還要對它進行懲罰。

哲學家是半死不活之人

蘇格拉底說普通民眾似乎無法理解，以正確方式真正獻身於哲學的人，實際上是自願為死亡做準備。死亡無非就是肉體與靈魂脫離後所處的分離狀態，以及靈魂從身體中解脫出來後所處的分離狀態。

哲學家不會強調漂亮衣裳和鞋子，或者其他身體的裝飾品。身體的快樂方面，哲學家會盡可能使靈魂擺脫與身體的聯繫，他在這方面的努力勝過其他人。許多人會想，這些事情中找不到快樂或根本沒有身體快樂的人不配活著，從來不想要身體快樂的人已經有一隻腳伸進墳墓。

以獲得知識為例，如果某人帶著身體進行考察，身體就會成為考察的障礙。與視覺和聽覺相比，其他感覺更低劣，幾乎不可能清晰、確定。當靈魂能夠擺脫一切煩擾，例如聽覺、視覺、痛苦、各種快樂，亦即漠視身體，盡可能獨立，探討實在時，避免一切與身體的接觸和聯繫，這時靈魂肯定能最好地進行思考。

我們是侍奉身體的奴隸

蘇格拉底認為，只要還保留不完善的身體和靈魂，就永遠沒有機會滿意地達到目標，亦即被我們肯定為真理的東西。

首先，身體尋求必需的營養時，向我們提供無數誘惑，任何疾病發起的進攻阻礙我們尋求真實的存在。此外，身體讓愛、欲望、恐懼、各種想像和大量的胡說充斥我們的腦海，使我們實際上根本沒有任何機會進行思考。發生各種戰爭、革命、爭鬥的根本原因，只能歸結於身體和身體的欲望。所有戰爭都是為了掠奪財富，而想要獲取財富的原因在於身體，因為我們是侍奉身體的奴隸，這就是為什麼我們幾乎沒有時間從事哲學的原因。

最糟糕的是，如果身體有閒暇可以進行研究，身體會再次介入研究，打斷它，干擾它，把它引上歧途，阻礙我們獲得對真理的觀照。如果想獲得關於某事物的純粹知識，就必須擺脫肉體，由靈魂對事物進行沉思。

從這個角度來判斷，只有在死去後，而非今生，才能獲得心中想要的智慧。只要還活著，我們就要盡可能避免與身體的接觸和聯繫，不允許自己受身體的本性感染，直至神來拯救我們。

靈魂解脫的願望主要或只有在真正的哲學家那裡才能看到。事實上，哲學家的事業完全就在於使靈魂從身體中解脫和分離出來。

有節制地享樂實乃放縱

從通俗意義上理解，自制就是不受欲望驅使，對欲望保持體面的冷漠。蘇格拉底眼中，這種品行正是終生獻身於哲學的人才擁有的，即極端漠視身體。

如果有人害怕失去想要的某種快樂，而無法放棄這種快樂，他們會約束自己的另一種快樂。儘管他們把自我放縱定義為受快樂的統治，而實際上是他們無法抗拒某些快樂，因此抗拒另一些快樂，從本質上講，他們對自己實施控制的原因在於自我放縱。

從道德標準來看，用一種程度的快樂、痛苦、恐懼替換另一種程度的快樂，不是一種正確的方法，就像交換不同面值的硬幣。只有一種貨幣可以用來與其他東西交換，這就是智慧。實際上，使真正的善得以可能的是智慧，有無快樂、恐懼之類的感覺出現，根本沒有區別。缺少智慧的前提下進行兩種程度的快樂交換，這樣的美德只具有虛幻的外表，既不真實，也不健全，實際上是適合奴隸的道德；說到底，必須清除所有虛幻的表象，才會出現真正的節制、勇敢和正義，而智慧就是一種清洗和淨化。

回應「人死如燈滅」

塞貝斯（Cebes of Thebes）向蘇格拉底求證：「你說靈魂離開時，一般人都非常害怕，因為靈魂從肉身中解脫後，也許不再存在於某個地方，可能在人死的那一天被驅散或毀滅，也許就在離開肉體的那一刻，一露頭就像氣息或煙霧那樣消失得無影無蹤。」十分類似「人死如燈滅」的觀點。對此，蘇格拉底回應：

還記得一個古老傳說，講的是靈魂離開後確實存在於另一個世界，還會返回這個世界，從死者中復活。凡有對立面的事物必定從對立面中產生，不會從其他來源產生。例如某個事物變得比較大時，之前是比較小；較弱從較強中產生，較快來自較慢；如果某個事物變壞，它來自原先較好的事物，就像睡的對立面是醒一樣，死的對立面是生，活的東西和活人是從死的東西產生出來。

生出於死，就像死出於生一樣。如果肯定這一點，就足以證明死者的靈魂一定存在於再生之處。如果對立的事物之間沒有連續的迴圈輪迴，如果產生是直接走向對立的終點而沒有任何向起點的回復或偏轉，最後萬物都會具有同樣的性質，處於同一狀態。蘇格拉底說：「以同樣的方式，我親愛的塞貝斯，如果擁有生命的事物逐漸死去，而死者在死後保持死的狀態不再復活，萬物最後不可避免地都是死的，沒有活的了！」

蘇格拉底
論靈魂

學習能力證明靈魂不朽

塞貝斯提醒蘇格拉底：「除此之外，還有一種你經常說給我們聽的理論，所謂的學習實際上只是一種回憶。如果這種說法正確，現在回憶的東西肯定是從前學過的，除非我們的靈魂進入人體前在某處存在，否則就是不可能。按這種方式理解，靈魂好像是不朽的。」

回憶可以由相同或不同的事物引起，睹物思人，是由不同的事物引起回憶；看見一幅畫像而想起畫像中的人，則是由相近似的事物引起回憶。世間的事物沒有絕對相等，只能比較接近或類似，然而，人們卻因為感官中得來的「相似」，形成絕對「相等」的觀念，也算是一種回憶。我們獲得這些感覺的對象前，必定已經獲得關於相等的知識。蘇格拉底說：「我們現在的論證不僅適用於『相等』，而且適用於絕對的美、善、正直、神聖，以及所有討論中可以冠以『絕對』這個術語的事物。

我們真的是在出生前就獲得知識，而出生那一刻遺失知識，後來透過感官對感性物體的作用，恢復先前曾擁有的知識，所謂的學習就是恢復自己的知識，稱之為回憶肯定是正確的。」

靈魂不是複合體

蘇格拉底說合成的物體或自然的複合物會在組合之處破裂，而任何一個真正非合成的物體必定不受這種方式影響。絕對的相等、絕對的美，或其他任何真正存在的獨立實體永遠保持原狀，絕對不會有任何方面、任何意義上的變化。

變化的事物是我們能夠用感官察覺到的具體事物，但永久的實體無法直接感覺到，只能靠思維把握；對我們的視覺來說，它們是不可見的。

不可見的是單一的，而可見的絕不可能是單一的。

身體是可見的，而靈魂是不可見的。

所以，靈魂是單一的，是永恆的實體。

學習哲學即實踐死亡

蘇格拉底認為靈魂把身體當作工具來進行探究，無論是透過視覺、聽覺還是別的感官，使用身體包含著使用感官，這樣一來，靈魂就被身體拉入多樣性領域而迷失道路，與具有多重性質的事物接觸時感到困惑而不知所措，就像是喝醉酒。

當靈魂自我反省時，穿越多樣性而進入純粹、永久、不朽、不變的領域，這些事物與靈魂的本性相近，靈魂一旦獲得獨立，擺脫障礙，就不再迷路，而是透過接觸具有相同性質的事物，在絕對、永久、單一的王國裡停留，靈魂的這種狀態稱之為智慧。

靈魂與神聖的、不朽的、理智的、統一的、不可分解的、永遠保持自身一致的、單一的事物最相似，而身體與凡人的、可朽的、不統一的、無理智的、可分解的、從來都不可能保持自身一致的事物最相似。當靈魂與身體都處在同一地方時，天性讓一個做服從的奴僕，另一個進行統治。

靈魂從肉體中解脫出來時是純潔的，沒有帶著肉體造成的汙垢，因為靈魂在今生從來沒有自願與肉體聯合，只是在肉體中集中起來，竭力回避肉身，換句話說，如果靈魂按正確的方式追求哲學，並且真正地訓練自己如何與肉身保持分離，其實就是在「實踐死亡」。

沉重的肉身

蘇格拉底認為，對在世的普通人而言，靈魂總是與肉體聯繫在一起，關心肉體，熱愛肉體，並且被肉體及肉體的情欲和快樂誘騙，以為只有這些可以摸、看、吃、喝，可以用於性生活享受肉體的東西才是真實，他們的靈魂已經習慣仇視、畏懼、回避我們的肉眼看不見、但卻是理智的、只能依靠哲學來理解的東西。

有形體的東西是沉重、壓制、屬土、可見的，所以被肉體玷汙的靈魂就變得沉重。能被人真正看見、影子般的幽靈就是還沒消失的靈魂，仍舊保持某些可見的部分，這是它們能被看見的原因。當然，它們不是善的靈魂，而是惡靈，被迫在這些地方遊蕩，這是對它們以往惡行的懲罰。它們一直在遊蕩，透過對肉身的不斷追求，最後再次被禁閉在肉身中。它們投靠的肉身具有和前世養成的某一類相同的性格或性質。

已經養成貪吃、自私、酗酒習慣的人，極有可能會投胎成驢子或其他墮落的動物；自願過一種不負責任的生活，無法無天、使用暴力的人，會變成狼、鷹、鳶之類的動物；而過著社會生活，能夠受紀律約束的動物群體的成員，例如蜜蜂、黃蜂、螞蟻，甚至可能再次投胎於人，成為體面的公民。

靈魂的兩根鉚釘

蘇格拉底繼續說，每一個尋求智慧的人都知道，當哲學接管靈魂時，他的靈魂是無助的囚犯，手腳被捆綁在身體，只能透過靈魂的囚室，間接地看到實體，在無知的泥淖中打滾。哲學接管靈魂，試圖用溫和勸說使靈魂自由。它向靈魂指出，用眼睛、耳朵和其他所有感官做出的觀察完全是一種欺騙，敦促靈魂盡可能不要使用感官，除非迫不得已。鼓勵靈魂精力集中，相信自己對物體的獨立判斷而不要相信別的東西，不要把靈魂間接得來的服從於多樣性的東西當作真理，因為這樣的物體是可感的和可見的，而靈魂自身看到的東西是理智的，對於肉眼是不可見的。

當每個人的靈魂感到一種強烈的快樂或痛苦時，必然會假定引起這種最強烈的情感的是最清楚、最真實的實體，而實際上不是。因為每一種快樂或痛苦都像一根鉚釘，把靈魂牢牢地釘在肉體上，使之成為有形體的，把被身體肯定的任何東西都當作真實的來接受。因此，靈魂與身體保持一致，在相同的事情上尋找快樂，由此產生的結果是：靈魂在性格上與肉身相同，絕不能逃往不可見的世界，而是習慣和肉身在一起，於是離開肉身後很快就回到另一個肉身，在那裡扎根和生長。這樣一來，靈魂成為純潔、單一、神聖事物的同伴的可能性就被完全排除了。

夜鶯、燕子和戴勝之類的鳥兒，當牠們感到快要死時，會更加大聲、更加甜蜜地歌唱，對自己就要去神那裡感到快樂，而牠們是神的僕人。人們卻錯誤地把天鵝的臨終絕唱理解為表達悲哀。蘇格拉底說：「我想自己現在和天鵝一樣，忠心侍奉同一位神，主人賦予我的預見力不比天鵝差，告別今生時不感到煩惱。至於你們關心的這種對死亡的恐懼，只要雅典的法官們允許，你們想怎麼說、怎麼問都可以。」

靈魂猶如琴弦和音

靈魂是否永存不朽，眾人依然心存疑惑，於是希米亞斯開始發問：「你可以針對樂器調音說出同樣的話，調好的音是不可見、無形體、極好、神聖的，存在於定好音的樂器中，而樂器本身和弦是物質、有形、複合、塵世的，與可朽的東西密切相連。現在假定樂器壞了，弦被割斷或繃斷。按照你的理論，這時定好的音仍舊存在，不可能被摧毀……你會說定好的音必定像過去一樣存在於某個地方，而製作樂器的木頭和琴弦卻會腐爛……如果有人堅持靈魂做為物理構成的和諧，是最先被毀滅的，我們稱之為死亡，請對這個論證做出回答。」

這種論調大體上接近於現代「附帶現象論」，就是關於意識本質的「機能說」。按照這一理論，「意識」僅是肉體的生物體的種種活動的副產物，如赫胥黎（Huxley）所說，是蒸氣衝出蒸汽機時發出的「汽笛聲」。意識猶如蒸汽機的汽笛聲，或者意識是人腦的機能，現代科學世界所堅持的基本上就是這種觀點。

厭惡論證是人生最大的不幸

對於希米亞斯的問題，蘇格拉底用類比展開討論。他說：「假定年老的裁縫剛死……那位裁縫製作和穿破很多衣服，儘管他比其他衣服都活得更長，但他可能會在最後一件衣服腐爛前死去……我相信這個比喻可以用來說明靈魂與肉體的關係，以同樣的方式說明靈魂的生命力很長，而身體的生命力相對較短或較弱，我認為這樣說是合理的。我們可以承認每個靈魂都像穿衣服一樣穿過許多肉體，尤其是當靈魂長久活著時，儘管肉體一生中不斷發生變化和分解，但靈魂絕不會停止更換已經穿破的肉身。」

希米亞斯顯然對蘇格拉底的論證十分不滿，他說：「無人知道這些『死』或靈魂與身體的分離哪一次對靈魂來說是終結性的，因為任何人都不可能擁有預見能力，蘇格拉底，沒有人，只有傻瓜才會充滿自信地去死，除非他能證明靈魂絕對不朽、不可毀滅。」

蘇格拉底沒有氣餒，繼續進行論證前，特別提醒說：「對任何人來說，沒有比厭惡論證更大的不幸了。」厭惡討論和厭惡人是以同樣的方式產生。厭惡人是由於不加批判地相信某人，假定某個人絕對誠實、忠心、可靠，而後發現他虛偽、不可靠。同樣的事情一而再，再而三發生。這種情況會使你厭惡任何人，認定在任何地方都不可能找到真誠。

假定有個論證是真實、有效、能夠被發現的，有人由於成見或偏見感到它有時真、有時假，這時他不去追究自己的責任，責備自己缺乏技能，而是到最後在絕望中把怒火發洩到論證頭上，此後一生中老是在抱怨和斥責論證，由此錯過認識關於實體的真理的機會，豈不是一樁可悲的事？

蘇格拉底說：「我們一定不可以在心中認為不存在有效的論證，正好相反，我們應當承認自己在理智上仍然殘缺，但必須打起精神，盡力成為健全。」

機能說的道德困境

蘇格拉底的論證可以這樣概括：

如果靈魂是一種「和音」，我們只能說每種靈魂和任何別的靈魂一樣，也是一種「和音」，等於道德上任何靈魂都不比另一靈魂好或壞，甚至可以說，一切靈魂都是精確的「和音」，因而都是至善的。然而這種對道德價值差別的否定，顯然是可笑的。機能論和承認道德價值的差別是不相容的，而且這些差別無疑是真實的。一種與倫理學的主要原理衝突的理論，必然是謬誤，因為這些倫理學原理是可靠的真理。

機能說不但無法解釋人與人之間道德價值的差異性，也無法解釋靈魂具有的反作用於肉身的主動性。如果靈魂是定好的和音，絕不會發出與構成要素相衝突的聲音，無論這些要素處於什麼狀況，緊張、鬆弛、顫動，還是別的狀態，一定會追隨這些要素，但絕不會指引它們。但現在我們看到，靈魂確實以相反的方式發揮作用。靈魂在指揮所有構成要素，一生都在壓制它們，實施各種方式的控制，有時用嚴厲、令人不快的方法，就像體育訓練和醫術，有時用溫和的方法，有時進行指責，有時進行鼓勵。靈魂與欲望、情欲、恐懼進行交談，就像靈魂與它們是分離、有區別的。

由此看來，說靈魂是調好的和音不合理。

從「理念分有」到「靈魂不朽」

蘇格拉底說：「如果有人對我說，某個特定事物之所以是美的，因為它有絢麗的色彩、形狀或其他屬性，我都置之不理，我發現它們全都混亂不堪。我要簡潔明瞭，或者簡直是愚蠢地堅持這種解釋：某事物之所以是美的，乃是絕對的美出現於它之上或該事物與絕對的美有某種聯繫，而無論這種聯繫方式是什麼。我現在不想追究細節，只想堅持這個事實，即依靠美本身，美的事物才成為美。」

與「美」的理念（希臘語譯為「型」、「相」、「型相」或「形式」，我們使用最傳統的譯文「理念」）相似，「大」和「小」也是這樣。較大的事物之所以較大，是由於大本身；而較小的事物之所以較小，是由於小本身。同樣的情形見於數字，十比八大二，八比十小二，大和小的區分的關鍵不在二，而在十分有「大」的理念，而八分有「小」的理念。如果A比B高一個頭，高是因為「一個頭」，反過來，B比A矮也是因為「一個頭」；「一個頭」既是「高」的原因，也是「矮」的原因，這就頗為矛盾。蘇格拉底認為，正確的說法是A分有「高」的理念，所以A就高，原因不在「一個頭」；同理，B分有「矮」的理念，所以B就矮。

身高一百八十公分的人與姚明比是「矮」，而與身高一百七十公分的人比則顯得「高」，在這裡，此人是否既高又矮，或者「高」衰退為「矮」？我們知道理念不可見，只能用靈魂把握，同時，理念是永恆的，只有具體的事物會生滅變化，因此一個理念絕對不會退化轉變為另一個理念。蘇格拉底明確指出：「在我看來，不僅高本身這個『型』絕不會既矮又高，而且我們身上的『高』絕不願意接納『矮』，不願被超越。只有兩種結果：要嘛是在『矮』（『高』的對立面）逼近時，『高』回避或撤退；要嘛是在『矮』到達時，『高』已經被消滅。」

理念不生不滅，身高一百八十公分的人面對姚明時，他的「高」的理念只是暫時隱退，不是被消滅。再說火，冷逼近時，它必定要退隱，絕不會有勇氣接受冷而仍舊是火。同理，靈魂不能接納死亡或死去，恰如火不能是冷，火中的熱也不能是冷。據此，蘇格拉底得出結論：「當死亡降臨於一個人時，死去的是他的可朽部分，而不朽部分在死亡逼近時不受傷害地逃避，他的不朽部分是不可滅。」這個不朽的部分就是永恆的靈魂。

蘇格拉底

論語言

（Talk about Language and Words）

反對私人語言

《克拉底魯篇》的對話是在赫爾墨革涅斯（Hermogenes）、克拉底魯（Cratylus）與蘇格拉底之間展開，這篇對話錄的真正目的不是考慮語言的起源，而是考慮語言的使用和功能。

起初，赫爾墨革涅斯持有一種語言完全出於約定的任意性觀點，他說：「在我看來，你提出的任何名稱都正確，如果換一個名稱，這個新名稱也和舊名稱一樣正確——我們經常替奴隸換名字，新名字就和舊名字一樣好。自然沒有把名字給予任何事物，所有名稱都是習俗和使用者的習慣，這就是我的看法。」

赫爾墨革涅斯主張語言完全任意，而且這種任意性比較極端。如果我喜歡用某個名字稱呼事物，對我來說，就是它的名稱，即使我與其他任何人的用法顛倒也無妨。因此，如果我把其他人稱為「人」的東西叫做「馬」，「馬」便是我的名稱，是在我私人的語言中那個生物的名稱，像在公共語言中「人」是它的名稱一樣確實。

但這種主張引起極大問題，名稱是「計算」或命題的部分，而且是根本的部分。各種命題可能是真實的，或者可能不真實，如果它們如實地談及實際存在的事物，它們是

099 蘇格拉底
論語言

真實的；否則就是不真實的。如果整個命題有所謂真假之分，構成命題的詞語也有真假之分。

蘇格拉底的意思是：語言正是社會活動，主要是交際工具。我給予某物一個名稱，而其他的人都不這樣稱呼，沒有排除它的作用；它使人誤解，對它的目的來說是不好的工具；這就是蘇格拉底把它叫做「不真實的」名稱的原因。

名稱不是任意的

蘇格拉底開始闡述他的看法：

切割必須用鑽子切割；編織或穿孔必須要用梭子編織和穿孔；命名必須要用名稱命名。把名稱當作工具，我們是把資訊相互傳遞，按照事物的性質區別。名稱就是教育和區分性質的工具，就像梭子把織網的線分開。

梭子是木匠造的，並非人人都是木匠；鑽子是鐵匠造的，只有掌握鐵匠技藝的人才能鍛造；同理，並非每個人都能提供名稱，只有名稱製造者才能提供，他就是立法家，世上所有匠人中，有這種技藝的人最少。

製造鑽子、梭子需要依照固定的「型」，必須把這種工具天然的「型」表現出來，不管用什麼材料，而不能憑想像隨意把它表現成其他樣子。至於名稱，如果立法家是任何真正意義上、替事物命名的人，就必須知道如何把每一事物真正的、天然的名稱放入聲音和音節中。儘管每個鐵匠可以為同一目的製造相同工具，但絕不會從同一塊鐵裡把它們造出來。「型」必須相同，但質料可以多樣，無論用什麼樣的鐵，造出來的工具可以一樣好，無論在希臘還是外國——沒有什麼區別。

因此，提供名稱並非輕而易舉，或是隨便什麼人都能做到，事物的名稱是自然的，並非每個人都知道如何為事物取名稱。

使用產品高於製造產品

蘇格拉底眼中，誰裁決特定的木頭是否像本來應該的那樣真正接納「梭子的形式」呢?不是製造工具的專家（木匠），而是必須要用它的專家（織布工）。這是普遍的規則，製造工具的人必須從打算使用它的人那裡取得規格。

使用產品的「技藝」才是高級的，製造產品的「技藝」則是次要的。這適用於制定名稱的「立法者」的例子，一定有高級專家，判斷名稱的真髓是他的職責。他就是要使用這些名稱的專家，提出問題並回答問題的專家就是「辯證學家」或「形上學家」。換句話說，檢驗語言的切當性不僅是「習俗」，而是充分、精確地表達最高度真實的能力。

原始名稱源於聲音模擬

假如我們都是聾人和啞巴，就會嘗試用身體模擬想要引起注意的事物形狀和動作來交流資訊。雙手上舉表示輕鬆和向上；雙手下垂表示沉重和向下；如果要表示駿馬或其他動物，就會用身體盡可能模仿牠們的姿勢。

現在可以同樣使用聲音的表達來模擬，假使一個人能用我們稱為「字母」和「音節」的有聲示意複製各種事物的「實在」，他就是在替各式各樣的事物命名，原始名稱可以被設想為是由這種模擬的方法產生。

詞語＝真相

蘇格拉底說，我們已經同意一個名稱是指定的事物的「模擬」，例如說「它像一幅肖像」，這裡的肖像是看得見的描寫，而名稱則是聽得見的描述，肖像不是精確的複製品。一位畫家抓住另一位畫家忽略的特徵，因而可能出現一幅較好的肖像和一幅較差的肖像，但二者都是同一原型的肖像。語言中的原始名稱也可能如此，一個名稱可能是它所代表的事物的有缺陷卻真實的「模擬」。

對此，克拉底魯提出異議，他認為將名稱與肖像畫類比不合適。一幅壞的肖像可能會略去原型的某些特徵，或者加進原型沒有的東西，但仍是那個人的一幅可辨認肖像。而就一個名稱來說，如果加進或略去一個字母，等於根本沒有寫對那個名稱。

因此，克拉底魯堅信詞語能夠傳達真相，並且認為「賦予事物最初名稱的力量絕不是凡人的力量，這樣提供的名稱必定是真正的名稱」。這就意味著：知道名稱的人會具有名稱所代表的相應知識。因此，認識名稱是認識事物的唯一途徑，發現事物真相的唯一途徑是發現名稱的意義。

詞語≠真相

蘇格拉底對克拉底魯「詞語＝真相」的觀點進一步提出質疑，他說：「我相信你說的這種情況對數字來說可能正確，要嘛是這個數字本身，要嘛根本不是這個數字。例如十這個數字要是增加或減少其中一部分，馬上就會成為十以外的數字，對其他數字來說也一樣，但這種狀況不適用於事物的性質或用形象來表現的任何事物……讓我們假定有兩個物件，一個是克拉底魯，另一個是克拉底魯的形象。我們要進一步假定，某個神刻畫克拉底魯的形象時，不僅像畫家那樣使它有外形和顏色，也創造出像你的內臟一樣的內在組織，有同樣的熱度和柔軟，並使之能夠運動，把和你一樣的靈魂和心靈輸入其中，簡言之，模仿你擁有的一切性質，造就另一個你。這時，你會說這是克拉底魯，那是克拉底魯的形象，還是會說有兩個克拉底魯？」

克拉底魯只能回答：「兩個克拉底魯。」

蘇格拉底接著說：「那麼你瞧，我的朋友，我們必須尋找某些關於形象的真理原則和關於名稱的真理原則，不要堅持說增加或減少某些東西，形象就不再是形象。你難道沒有覺察到，形象與形象所代表的真實事物相差甚遠嗎？」

蘇格拉底堅持的立場是「詞語≠真相」，「事物的名稱如果與事物完全一模一樣，結果會多麼可笑！這樣一來名稱就成為第二個事物，無人能夠決定哪一個是名稱，哪一個是實際事物」。

毒藥 vs. 良藥

蘇格拉底對詞語的不信任出現在《斐德羅篇》，他用 pharmakon 指稱書寫，這個詞在希臘語既可指毒藥，也可指良藥。

蘇格拉底引用神話故事，一個埃及古神獻給國王禮物，能醫治健忘的良藥，即文字。然而國王卻說：「能發明技藝的是一個人，能權衡使用這種技藝有什麼利弊的是另一個人。現在你是文字的父親，由於溺愛兒子，把它的功用完全弄反了！如果有人學了這種技藝，就會在他們的靈魂中播下遺忘，這樣一來他們就會依賴寫下來的東西，不再努力記憶。他們不再用心回憶，而是借助外在的符號回想。你發明的這帖藥，只能發揮提醒作用，不能醫治健忘。你為學生們提供的東西不是真正的智慧，因為這樣一來，他們借助於文字的說明，可以無師自通地知道許多事情，但大部分情況下，他們實際上一無所知。他們的心是裝滿了，但裝的不是智慧，而是智慧的贗品，這些人會為同胞帶來麻煩。」

此外，「文字還有一個很奇特的地方，斐德羅，這一點很像圖畫。畫家的作品放在你面前就好像活的一樣，但你若向它們提問，它們會板著莊嚴的臉孔，一言不發。書面文字也一樣，你可以把這些文字當作有知覺，但若你向它們討教，要它們把文中所說的意思再說明白一些，它們只能用老一套回答你。一件事情一旦被文字寫下來，無論寫成什麼，都會到處流傳，傳到能看懂的人手裡，也傳到看不懂的人手裡，還傳到與它無關的人手裡。它不知該如何對好人說話，也不知該如何對壞人說話。如果受到曲解和虐待，總是要它的作者來救援，卻無力為自己辯護，也無力保衛自己」。

昔蘭尼的阿瑞斯提普斯

（Aristippus，西元前435－350年）

快樂才是目的

阿瑞斯提普斯（Aristippus）生活於西元前四三五年至前三五〇年，生於北非殖民地昔蘭尼，後來到了雅典，開創「昔蘭尼學派」，成為「享樂主義」的鼻祖。他曾是蘇格拉底的學生，但不完全服膺蘇格拉底的學說，他有獨到的見解，同學色諾芬（Xenophon）和柏拉圖都對他頗為反感。

阿瑞斯提普斯認為哲學不是目的，他對知識沒有內在興趣，無論這種知識涉及自己還是他人。哲學只是通往快樂生活的手段，使人們能對不同的生活經驗進行歸類分析。阿瑞斯提普斯看來，快樂是善，痛苦是惡。快樂是平滑的運動，痛苦則是粗糙的運動。智慧的人未必快樂，愚蠢的人未必痛苦。不追求快樂的人，只是心靈被扭曲了。能夠享受當下的快樂，也就足夠了。

阿瑞斯提普斯認為，幸福不同於目的，目的是特殊的快樂，幸福則是一切特殊快樂的總和，包括過去和將來的快樂。人們追求特殊快樂是因為本身，而人們追求幸福卻不是因為本身，而仍是因為特殊快樂。快樂與快樂之間沒有區別，一種快樂不比另一種快樂更快樂。即使是從最不光彩的行為中產生的快樂，也是善的。因為，雖然行為不合理，但產生的快樂卻是人所欲求的，與孟子「可欲之謂善」的定義相同。

奢侈的理由

阿瑞斯提普斯曾花五十德拉克馬（一德拉克馬能買一隻羊）買一隻鷓鴣，別人因此責怪他，他反問：「難道你想讓我只花一奧波勒斯（約六分之一德拉克馬）？」那人說是，於是阿瑞斯提普斯說：「我覺得五十德拉克馬不算多。」言下之意是花五十德拉克馬與花一奧波勒斯沒有區別，因為都是買一隻鷓鴣。

有人斥責他奢侈無度，他說：「如果奢侈是錯誤，就不應該在諸神的節日中盛行。」有人指責他酒宴奢侈，他反問：「如果這頓飯只花三奧波勒斯，你會吃嗎？」那人說會，於是他說：「看來問題不在我奢侈，而在你愛財啊！」也就是說，反對奢侈的人通常不拒絕享樂，只是心疼花錢。如果少花錢能夠享樂，他們絲毫不會猶豫。

曾有人拜訪阿瑞斯提普斯，看到他和情婦在飲宴，極盡奢華，於是開始指責。稍後，阿瑞斯提普斯邀請批評者坐下進餐，這人同意了。於是他說：「那你剛才為什麼找碴、批評我呢？你譴責的不是飲宴，只是飲宴的花費。」

對錢財的態度

阿瑞斯提普斯透過授徒賺不少錢，蘇格拉底問他：「你從哪裡弄來這麼多錢？」他回答：「就是從你只弄來一點錢的地方。」

蘇格拉底授徒不收學費，但做為他的學生，阿瑞斯提普斯卻收學費，有人因而指責他，他說：「我確實收學費，其實蘇格拉底也收學費，只不過當人們送穀物和酒食給他時，他只拿一點，剩下的都退還回去。但蘇格拉底這麼做，使雅典大部分的人都成為他的奴僕（為他端茶、倒水、送飲食），而我的奴僕只有一位，他叫歐提吉德。」

有人責難他離開蘇格拉底去追隨戴奧尼索斯（西西里的僭主），他說：「當我需要智慧時，找蘇格拉底；當我需要玩耍時，找戴奧尼索斯。」

他從戴奧尼索斯那裡得到一筆錢，而柏拉圖得到一本書。有人因此譏笑他，阿瑞斯提普斯說：「沒錯，我想要的就是錢；而柏拉圖想要的是書。」

還有一次，他向戴奧尼索斯要錢，但戴奧尼索斯說：「不給，你曾說過智慧的人無所欠缺。」阿瑞斯提普斯說：「你先把錢給我，這個問題隨後再談。」他拿到錢後對戴奧尼索斯說：「看到了吧，智慧的人不缺錢。」

阿瑞斯提普斯喜歡花錢，但他絕不愛財。有一次，他的僕人運送財物，發現所載過重，阿瑞斯提普斯喊道：「能拿的拿著，拿不了的扔掉。」海上航行時，他發現船隻被海盜控制，於是拿出錢開始點數，然後裝作不經意地把錢掉進海裡，還裝出一副悲傷的模樣。他的解釋是這樣：讓錢為了阿瑞斯提普斯而消失，總勝過讓阿瑞斯提普斯為了錢而消失。

王宮裡的弄臣

阿瑞斯提普斯被人稱為「戴奧尼索斯的哈巴狗」，因為他的確就是個插科打諢的弄臣。他代一個朋友向戴奧尼索斯求助，但沒有獲得同意，於是跪倒在國王腳下。有人因此嘲笑他，但他回答：「不怪我，要怪就怪戴奧尼索斯的耳朵長在腳上。」

有一天，戴奧尼索斯喝醉，要柏拉圖穿上紫袍跳舞。柏拉圖拒絕，並說：「我不能穿女人的衣服。」阿瑞斯提普斯則穿上紫袍，一邊舞蹈，一邊吟唱說：「即使在酒神的狂歡中，貞潔的女孩也不會被玷汙。」

有一次，戴奧尼索斯強迫他解釋一些哲學教義，阿瑞斯提普斯說：「這太荒唐了，你是要向我學說話，現在居然指點我什麼時候該說話。」戴奧尼索斯怒了，把他轟到宴席的下座。阿瑞斯提普斯說：「你是想讓這個座位變得受人尊重嗎？」

曾經，戴奧尼索斯一口唾沫吐在阿瑞斯提普斯身上，他卻不敢吭聲，有人拿這件事嘲笑他。阿瑞斯提普斯說：「捉條小魚的漁夫還免不了弄溼衣服呢，我抓了一條大魚，怎能不沾一滴水呢？」

犬儒第歐根尼（Diogenes）在河邊洗菜葉時，對著對岸的阿瑞斯提普斯喊道：「如果你學會吃蔬菜，就不用在暴君的宮廷做奴隸了。」阿瑞斯提普斯回答：「你啊，如果學會利用人群的規則，就不用在這裡洗菜葉了。」

戴奧尼索斯問他：「為什麼哲學家會去富人那裡，但富人卻不會拜訪哲學家。」阿瑞斯提普斯說：「因為哲學家知道自己需要什麼，可是富人不知道。」

學習哲學的用處

有人問他學習哲學得到什麼，他回答：「與所有人自信交友的能力。」

有人問他受過教育和沒有受過教育的區別，他說：「就像被馴服的馬和沒有被馴服的馬一樣。」

有人送兒子來向他學習，他索要五百德拉馬克的學費。那個父親抗議說：「這筆錢夠我買一個奴隸了。」阿瑞斯提普斯回答：「那你就去買吧，你將會擁有兩個奴隸。」

他常抱怨：「人們買瓷器時都知道敲一敲，透過聲音辨別真偽優劣；但面對自己的生活，卻沒有評判的標準。」

很多人都向他學習普通課程，一旦接觸到哲學就止步不前。阿瑞斯提普斯把他們比作奧德修斯（Odysseus）的妻子潘妮洛碧（Penelope）的追求者，他們贏得女僕的歡心，卻唯獨在追求女主人時失敗了。

有人在他面前誇耀自己博學，阿瑞斯提普斯說：「吃得多的人不一定健康，博學的人不一定卓越。知道自己需要什麼，有選擇地攝取食物，身體才會健康；同樣的，學以致用，才能導向卓越。」

跟著感覺走

塞克斯圖斯．恩不里柯（Sextus Empiricus）說：「昔蘭尼學派主張感覺是標準，只有感覺才是可理解、不會錯的；而引起感覺的事物都不可理解，也不確實可靠。他們說，感覺白或甜是一種無可爭辯的可以切實陳述的東西，但產生這種感覺的物件是白或甜卻不能斷言。」

普魯塔克（Plutarch）指出，昔蘭尼學派「主張他們在自身中體驗想像和情感，他們不認為這些體驗提供關於外在世界是現實的可信證明。他們閉鎖在自己的情感中，彷彿處在圍場之中，只斷言『它看起來是』，不進一步證明『它是什麼』」。

亞里斯多德（Aristotle）在《形上學》指出：「有些智者如阿瑞斯提普斯譏笑數學，他們論辯說，甚至在最低級的技藝如木工和製鞋中，也有標準說明它們是做得好或壞，而數學卻不能說明善和惡。」昔蘭尼學派放棄與自然哲學相關的研究，認為這些問題毫無用處。一個人若學會關於善和惡的理論，就有可能講話得體，免於迷信且獲得自由，也有可能走出對死亡的恐懼。

享受當下

阿瑞斯提普斯很受戴奧尼索斯歡迎，他總是能最大限度地利用現存境遇，從眼前的享受中得到最大的快樂，絕不會為了追求不在眼前的快樂而勞心費神。普魯塔克在《道德論叢》第五卷說：「很多人對眼前的美妙事物置若罔聞，卻急匆匆去擁抱艱難且難以忍受的東西。」阿瑞斯提普斯不屬於這類人，因為他知道，得到成功自然是不錯的，但將厄運與幸運放在一起稱量，二者並不平衡。

有一次，他失去一片農場，一個虛偽的朋友為他的厄運裝出悲傷神情，阿瑞斯提普斯不耐煩地問：「你只有一片農場，可我還剩下三片農場，對嗎？」那人說是。阿瑞斯提普斯說：「我就該為你的厄運而悲傷了，只有神智失常的瘋子才會憂心已經失去的事物，卻不知道為依然擁有的一切高興。」

快樂的哲學

阿瑞斯提普斯所創的昔蘭尼學派認為，痛苦被人們摒棄，快樂被人們選取。痛苦的消除不是快樂，就像快樂的缺失並非就是痛苦。快樂的缺失或痛苦的缺失是一種中間狀態，沒有痛苦的狀態就像睡眠。

他們認為肉體的快樂遠勝靈魂的快樂，肉體的痛苦遠比靈魂的痛苦難受，這就是傷

害肉體的人要受到懲罰的原因所在。沒有什麼從自然本性上就是可敬、正義或低賤的，一切都由後天的慣例和習俗決定。

然而，不能將昔蘭尼學派提倡的快樂完全等同於肉體的享樂。他們認為智慧之人未必快樂，但智慧有助於獲得快樂，就像肉體的訓練有助於獲得德性一樣。聖人不會執迷於嫉妒、愛或迷信，因為這些是空洞的感受；但聖人會感到痛苦和恐懼，因為這些是自然的情感。

馬格尼西亞的
赫格西亞斯

（Hegesias of Magnesia，西元前三世紀）

自殺說教者

赫格西亞斯（Hegesias of Magnesia）約生活於西元前三世紀，據說是阿瑞斯提普斯的學生。他宣揚帶有悲觀色彩的「漠然不動心」的生活態度。據西塞羅（Cicero）的記載，曾有從未遭受任何厄運的人，因為讀了柏拉圖的著作而投海自殺，希望靈魂與肉體分離。赫格西亞斯曾寫過《絕食而死》，在亞歷山大里亞出版，講述一個人決定將自己餓死，以此向朋友說明死與生同樣值得追求，人只不過是輪次置身於生和死而已。據說這本書負面影響較大，很多人讀完後就自殺了。因此，亞歷山大里亞的托勒密二世（Ptolemy II Philadelphus）禁止赫格西亞斯繼續講學。

根據印度阿育王（Ashoka，約西元前二七三～前二三二年）敕令中記載，佛教的業力觀念和「四聖諦」（苦集滅道）等基本教義，已經傳播到希臘人亞歷山大和托勒密統治的地區。赫格西亞斯生活在托勒密二世的統治時期，完全有可能接觸到佛教的理論。

原諒犯錯者

赫格西亞斯認為痛苦和快樂來源於感覺，但感覺雖然真切，卻不可靠。此時與彼時的感覺會不同，人與人之間的感覺也會不同，不能從感覺中得到準確的知識，也無法透過感覺獲得真理。我們懷疑這種說法是佛教「諸法無常」的轉述，即六根（眼、耳、鼻、舌、身、意）所得的一切都是假有，並非實相，世人就生活在「顛倒夢想」之中，其所思所想皆如鏡花水月，其所作所為類似捕風捉影。

因此，赫格西亞斯認定應當寬容錯誤，沒有人故意犯錯，犯錯只是受到某種痛苦或快樂的感覺制約；與其去仇恨人，不如去教導人。這些讓我們想起佛教「恆順眾生」、「隨緣度化」的說法。

幸福不可能存在

赫格西亞斯認為幸福不可能存在，因為肉身為諸多苦難所纏繞，心靈則分擔著肉體的苦難，肉體受到騷擾，心靈難以安定，而世事無常，讓人所期盼的事物經常落空。

「肉身為諸多苦難所纏繞」，讓我們想到佛教「八苦」的說法：生、老、病、死、五蘊熾、求不得、愛別離、怨憎會。貪戀人世的快樂，猶如逆風執炬、刀頭舔蜜。因此，赫格西亞斯得出結論：生命對愚痴之人有益，對覺悟之人則無關緊要。

覺者的人生

赫格西亞斯所說的「智慧的人」，十分類似於佛教的「自了漢」，但求自身從苦海中解脫，並無度盡眾生的宏願。

凡俗之人熱衷於追求快樂，智慧之人致力於避免痛苦。智慧之人之所以不願意追求塵世的快樂，乃是快樂源於感覺，而感覺不能導向精確的知識，因此智慧之人漠視感覺，超然於苦樂之上。智慧之人內求，凡俗之人外求；智慧之人所做的一切，出於自為，而不以他人和外物為轉移。

對覺者而言，從他人和外物中的獲益，遠不及從自身出發得到的多。讓我禁不住想起馬祖禪師的話：「自家寶藏不顧，拋家散走做什麼？」

不畏強權的
西奧多羅斯

（Theodorus the Atheist，西元前四世紀）

好人不殉國

西奧多羅斯（Theodorus the Atheist）生於西元前四世紀末，他聽過包括阿瑞斯提普斯在內的很多哲學家的講座，據說他是昔蘭尼人，也有人說他是雅典人。

西奧多羅斯常說，智者的國家就是全世界。他認為一個好人不應該為祖國以身犯險，毀滅智慧之人去保護無智慧之人是不合理的。

友誼難存續

西奧多羅斯將友誼從自己的思想中排除，因為對愚蠢的人來說，一旦利益消失，不再需要對方時，友誼就消失了；而對智慧的人來說，能自足無所求，也不需要友誼。因此無論對愚蠢之人還是智者，友誼都無法存在。

自然無善惡

他認為只要有合適的理由，應該允許有智慧的人偷盜、通姦和瀆神，這些事情就其自然本性而言，無所謂可恥，只是需要人們超越於流俗意見之上，而這些流俗意見之所以存在，是傻瓜們一致同意。智慧之人可以公開放縱情欲，無須考慮環境。他常這樣論證：

「受過文學訓練的女人，她有多少文學知識，相應就有多少用處，對嗎？」

「是的。」別人回答。

西奧多羅斯繼續問：「一個美麗的女人，她有多少美貌，相應就有多少用處，對嗎？」

得到的回答依然是：「是的。」

於是，西奧多羅斯說：「那麼，美女就是用來擁抱的！」

西奧多羅斯的意思是，任何事物只要實現自身的本性，就達成自身的目的。吃西瓜，就實現西瓜的目的；抱美女，就實現美女的目的。自然界本無善惡，善惡的區別，乃是出於流俗的慣例和大眾的意見。

助人成就佳緣

福基翁（Phocion，西元前四〇二～前三一八年）是雅典的政治家和軍事將領，他的兒子生活得很隨意，一時喜歡上妓院老闆收養的奴隸女孩，但十分躊躇，不敢有下一步行動。

他碰巧聽到西奧多羅斯在學園發表的演說：如果為一位男性朋友贖回自由是可敬的善行，那麼為一位女性朋友贖回自由，同樣可敬。換言之，既然可以為主人贖回自由，同樣可以為妓女贖回自由。

聽了西奧多羅斯的演講，再加上對奴隸女孩的感情，福基翁的兒子就花錢贖回她的自由。

不畏強權

西奧多羅斯曾在拉古斯（Lagus）的兒子托勒密一世（Ptolemy I Soter）的宮廷待過一段時間，還被派作使者前往馬其頓會見國王利西馬科斯（Lysimachus，亞歷山大大帝的繼任者）。

「告訴我，你就是被雅典流放的西奧多羅斯？」利西馬科斯問。

西奧多羅斯回答：「沒錯，大力神海克力士（Heracles）曾被放逐。與他一同出發的阿爾戈英雄，發現海克力士一人的分量就足以壓艙鎮船，從而讓帆船進水，他們內心感到害怕，就把他丟棄到岸上。我被雅典人放逐，也是同樣的原因，因為我的靈魂高度和分量，讓同胞們心生嫉恨。」

利西馬科斯說：「你被祖國放逐就是因為別人的嫉妒。」

「也不全是嫉妒，」西奧多羅斯說，「因為我的天性卓異，國家容不下我。就像塞墨勒（Semele）懷的是酒神戴歐尼修斯（Dionysus），所以還沒到分娩的時間，就把戴歐尼修斯生了下來。同樣的，我的祖國太狹隘，容不下一個哲學家博大的心靈，就讓我脫離祖國的懷抱，今天到你這裡了。」

為了嚇唬西奧多羅斯，馬其頓國王把他帶到牢籠旁，裡面關著的人被剜掉雙眼。利西馬科斯說：「看到了吧，讓我不爽的人，就是這種下場。」西奧多羅斯說：「在地上腐爛，還是在地下腐爛，不都一樣嗎？難道我還在乎這個嗎？」

西奧多羅斯所謂的「在地上腐爛」，或許是個雙關語，暗諷活著的人的生活狀態猶如行屍走肉，與地下的屍體同歸於腐朽，無本質的區別。但利西馬科斯似乎沒有聽懂，他說：「既然在地上腐爛和在地下腐爛沒有區別，我就讓你在十字架上腐爛吧！」

西奧多羅斯說：「真了不起啊！你擁有的力量與一隻嘬屍的蒼蠅相同。」

解讀神就是褻瀆神

西奧多羅斯坐在祭司長旁邊問：「什麼樣的人可以算對神明不虔敬的人？」

祭司長回答：「向教外之人洩露祂們的資訊的人，就是不虔敬的人。」

西奧多羅斯說：「你就是褻瀆神明的人，因為你總是把祂們的祕密解讀給凡俗之人聽。」

★墨伽拉的歐幾里得

（Euclid of Megara，西元前435－365年）

墨伽拉學派的創始人

歐幾里得（Euclid of Megara）的家鄉在科林斯地峽的墨伽拉，墨伽拉學派因此得名。他並非《幾何原本》的作者，熱烈追隨蘇格拉底，據說西元前四三二年，雅典和支援斯巴達的墨伽拉處於敵對狀態，歐幾里得為了聆聽蘇格拉底的哲學談話，常冒著被捕處死的危險，穿上女人的衣服前往雅典。蘇格拉底死後，柏拉圖和其他弟子覺察到僭主政治帶來的潛在危險，一起投奔歐幾里得。歐幾里得熱衷於巴門尼德（Parmenides）「存在是一」的理論，格奧爾格．威廉．弗里德里希．黑格爾（Georg Wilhelm Friedrich Hegel）評價他死盯著定義、概念和共相不放。

拒絕使用類比推理

歐幾里得拒絕使用類比推理進行類證，他認為類比的前提是把兩樣事物放在一起，而這兩樣事物要嘛相同，要嘛不同。如果相同，就沒有類比的必要，直接談論需要論證的事物就可以。如果不相同，就沒有類比的資格，強行對比將毫無意義。

詭辯大師

歐布利德斯

（Eubulides，西元前四世紀）

詭辯大師

歐布利德斯（Eubulides）是米利都人，據說雅典著名演說家狄摩西尼（Demosthenes，西元前三八四～前三二二年）是他的學生。據第歐根尼．拉爾修（Diogenes Laërtius）的記載，歐布利德斯與亞里斯多德爭論不休，兩人互相說了對方不少壞話。

歐布利德斯留給世人的是一些著名詭辯，乍看似乎毫無道理，仔細玩味就會發現其中包含很深的哲理，而且對邏輯和認識論的發展有著積極作用。以下羅列他存世的六個詭辯，不做過多的闡釋。

說謊者

「如果一個人說他在說謊，那麼他是不是說謊？」據說有人被這類問題折磨致死。就像一個理髮師，他發誓「只替那些不給自己刮鬍子的人刮鬍子，不幫給自己刮鬍子的人刮鬍子」。有一天，他拿起鏡子時感到疑惑：理髮師該替自己刮鬍子嗎？

黑格爾還舉了類似的例子，有人在河邊的橋頭架起絞刑架，對前來渡河的人提問：

「你來做什麼呢？」如果渡河人說實話，就讓他順利過橋；如果渡河人說假話，就把他送上絞刑架絞死。但有一個渡河人的回答讓他困惑了，因為渡河人說：「我是來被你們絞死的。」

禿頭

拔掉人的一根頭髮，不可能讓人成為禿子，拔掉兩根頭髮不行，拔掉三根也不行……就這樣一直拔下去，等到把最後一根頭髮也拔下來時，禿頭就出現了。

起初，人們否認拔掉一根頭髮就能造成禿頭；後來，人們承認拔掉一根頭髮就能造成禿頭。這不僅涉及質變、量變的問題，更涉及事物在時空中的同一性（identity）。如果「禿頭」詭辯用的是「減法」，那麼「穀堆」詭辯用的就是加法。

穀堆

多少穀子能組成穀堆？一粒穀不行，兩粒不行，再加上一粒還是不行……就這樣一直增加下去，早晚會有一粒穀出現，導致穀堆的形成。

如果增加一點點，或者減少一點點，就能夠使事物發生質變，所有事物無時無刻不在發生著變化，天底下就沒有任何東西可以在時空中保持自身的恆定性。上一秒鐘的自己和下一秒鐘的自己將是完全不同的兩個人。

長角的人

你沒有失去的東西，就是依然擁有的東西；你沒有失去角，所以你就是有角的人。

這個詭辯提醒人們，一切話語都需要一定的前提。沒有把談話的前提釐清，推理的結論就可能荒謬絕倫。例如，墨伽拉學派還有下述詭辯。他們會問你：「你今天是否不再打你爸了？」如果給出肯定的回答，就意味著你昨天打父親；如果給出否定的回答，你不但昨天打了父親，今天還要繼續打。關鍵在於否定問話所預設的前提——「昨天打了爸爸」。

幕後的人

歐布利德斯問：「簾幕後藏的人是誰？」你回答不知道。他拉開簾幕說：「看啊！這人就是你的父親，你說認識自己的父親，其實你不認識啊！」

這個詭辯貌似極端無聊，卻相當深刻。我們所謂的認識、了解和知道，只不過是認識自己在心中鉤織的概念集合。例如，我們說自己認識足球，其實是將足球的各種特殊屬性——大小、硬度、形狀、顏色、花紋、用途——結合起來，用一個名稱「足球」來指稱這個概念集合體。當我們看到足球的形狀時，就會同時聯想起相關的一連串特殊性質，雖然沒有用手去摸硬度，但確信自己看到了「足球」。

對人也是如此，當我們看到一個人的特殊屬性，例如身高、臉龐等，就會聯想起與此人相關的一切資訊，因此說看到某某人，例如看到自己的父親。

但當這些具體屬性沒有呈現時，我們就不知道簾幕後的人是誰。雖然我們在自己的心靈中保持著完整的「父親」概念，並且這個概念是一組與父親相關的特殊屬性之集合。

歐布利德斯的詭辯說明，我們沒有真正認識到任何事物，包括自己的父親在內，我們認識到的僅是自己的心靈鉤織的概念。

是不是只要獲得事物的特殊屬性，就一定能認出事物呢？歐布利德斯給的答案是否定的，請看《哲學家，很有事？趣談前蘇格拉底的16位大奇葩》「赫拉克利特」的悖論。

厄勒克特拉

厄勒克特拉（Electra）認識弟弟俄瑞斯忒斯（Orestes），但她不認識回來的人是俄瑞斯忒斯。

這個詭辯講得似乎不明不白，其實和《列子．說符》中「楊布打狗」的故事一模一樣。楊朱的弟弟楊布白天出門時穿了一件白衣，下雨了，楊布回來時換成黑色外衣，進門時，家裡的狗認不出他，居然對他吠叫。楊布很生氣，拿棍子打狗。這時楊朱說：「別打了，若是咱家的狗出門時是白狗，回家時變成黑狗，你能認出來嗎？」

我們將自己熟悉的事物的特殊屬性做為提示符號，一旦看到這些符號，就認為看到這個事物。例如，如果父親是一百九十公分的高個子，下雨天穿著雨衣走到家門口，人們會想當然地憑身高判斷，這人就是自己的父親。但這種判斷，僅是出於生活習慣，極有可能出錯。這個世界上，我們到底能認識什麼？這是個嚴肅的問題！

女神不是神

斯提爾波

（Stilpo，西元前360－280年）

維護女兒的尊嚴

斯提爾波（Stilpo）是墨伽拉學派的代表人物之一，他是墨伽拉公民，歐幾里得的追隨者，生活於西元前四世紀。據說他有一妻一妾，還有一個生活放蕩的女兒。

有人當面對斯提爾波說他女兒生活不檢點，是他的恥辱。斯提爾波說：「事實上，應該說我是她的榮耀。」

女神不是神

在雅典娜神像面前，斯提爾波問旁人：「這不是宙斯的女兒雅典娜（Athena）嗎？這是一位女神，對嗎？」別人說是。於是斯提爾波問：「但的確不是來自宙斯，而是來自雕刻匠之手，是嗎？」別人也說是。斯提爾波得出結論說：「那麼，這就不是神。」

人們因此控告他，斯提爾波被法庭傳喚，他在法庭上辯解說：「雅典娜只是女神，但女神不是神。」斯提爾波有類似的辯論，例如聰明的蘇格拉底與文雅的蘇格拉底不是同一個人。「女神不是神」與公孫龍「白馬非馬」的論證如出一轍，出於同樣的邏輯。

139 女神不是神

斯提爾波

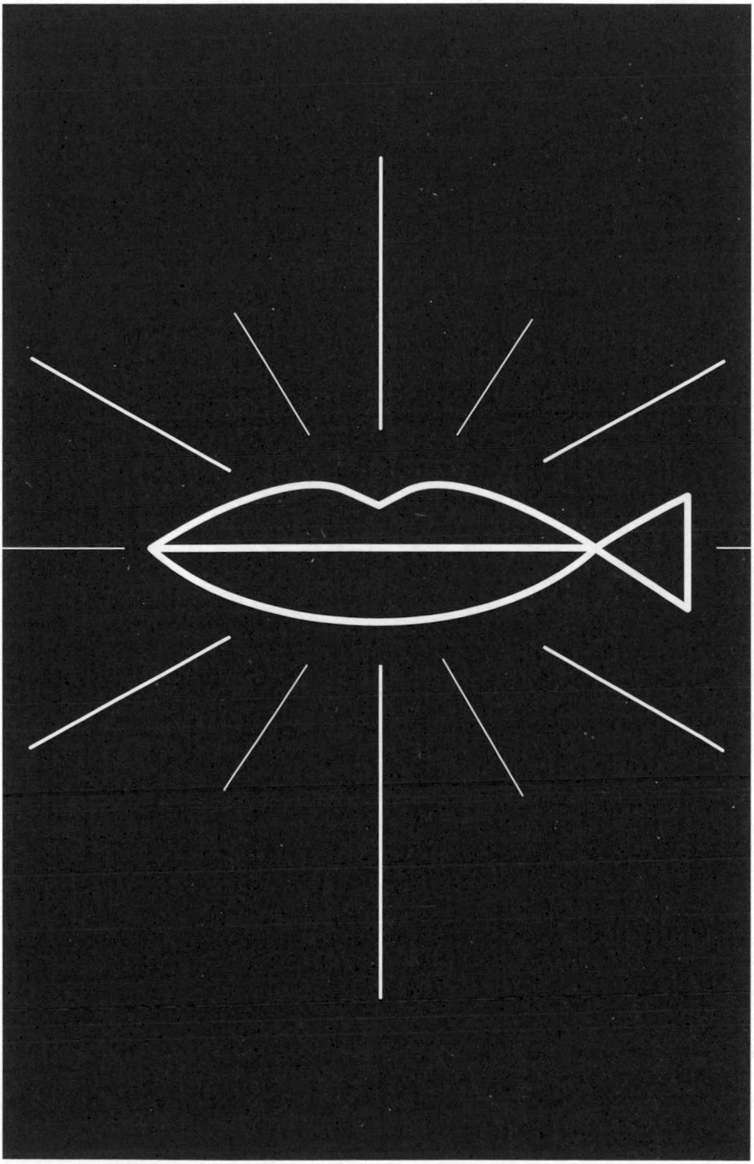

搶不走的財產

托勒密國王十分欣賞斯提爾波，當墨伽拉淪陷時，托勒密特意發布命令，要求士兵保護好斯提爾波的財產，如果有任何損失，只要他列出清單，就如數奉還。

但是，斯提爾波一條都沒有列。他說，真正屬於他的財產是學問和辯才，而這是任何人都無法奪走的。

遭遇犬儒

斯提爾波向犬儒克拉特斯（Crates of Thebes）提出一個問題，克拉特斯沒有給出回答，而是直接侮辱他。斯提爾波說：「不該說的你全說了，唯獨該說的你卻沒說。」一個寒冷的冬天，他看到克拉特斯在風中顫抖，於是就說：「克拉特斯呀！你該換一套裝束了。」這是雙關語，不僅提醒克拉特斯更換衣服，也暗諷他應該改變心智。對此，克拉特斯耿耿於懷，特別寫了諷刺詩回擊。

據說有一次他和克拉特斯辯論，中途忽然停下來買魚。克拉特斯喊道：「喂！你不能將辯論丟下啊！」斯提爾波說：「我沒有丟下辯論，我只是丟下你而已；辯論可以保留，但魚很快就會賣光。」

★

指驢為馬的

安提西尼

（Antisthenes，西元前446—366年）

犬儒的鼻祖

安提西尼（Antisthenes）生活於西元前四四六年到前三六六年，他是雅典人，但血統不純正，母親是色雷斯人。他對雅典人以出身自傲頗為反感，他曾說雅典人自詡力量源於大地，但蝸牛和蝗蟲也來自大地，並且未必比雅典人差。

安提西尼非常推崇蘇格拉底，為了聆聽蘇格拉底講學，帶著自己的學生追隨他，每天步行五里路去雅典。據說蘇格拉底死後，是他運用計謀將控告蘇格拉底的人流放或處死。他從蘇格拉底身上學到剛毅的精神，絲毫不追求肉體的享樂。他總是說：「我寧願發瘋，也不願意追求感官的愉悅。」

與昔蘭尼學派追求感官享受相反，犬儒學派屬於苦行的禁欲主義者。犬儒主義即cynicism，而cynical是「憤世嫉俗」的意思，雖然如此，但不避世，而是往人群中鑽，隨時對文明人的一切習俗和慣例進行無情的諷刺。

蘇格拉底以牛虻自喻，說是要蟄醒雅典；而犬儒主義者以「狗」自喻，總是狺狺狂吠，不斷地警醒世人。此外，狗的生活簡樸，與犬儒主義者的理念相契合。據說，安提西尼經常在一個叫Cynosarges（意為「白獵犬」）的運動場附近與人交談，因此有人以地名命名這個學派。他還有一個綽號叫「純種獵狗」。

指驢為馬

有人問他學習哲學帶來什麼好處，安提西尼說：「與自己談話交流的能力。」

他常建議雅典人投票決定「驢就是馬」，當大家認為荒謬、不可理喻時，他反問：「你們不也總是投票選出毫無經驗的人去當將軍嗎？」

有一次，他故意拽過斗篷的破爛部分給人看，蘇格拉底碰巧在場，對他說：「透過衣服上的洞，我看到你那顆好名之心。」

安提西尼主張德性是一種行為，不需要太多的饒舌或學識，這種理念極大地影響後來的犬儒主義者。他們堪稱行為藝術的先驅，用行動表達自己的思想，而不是用空談代替自己的行動。

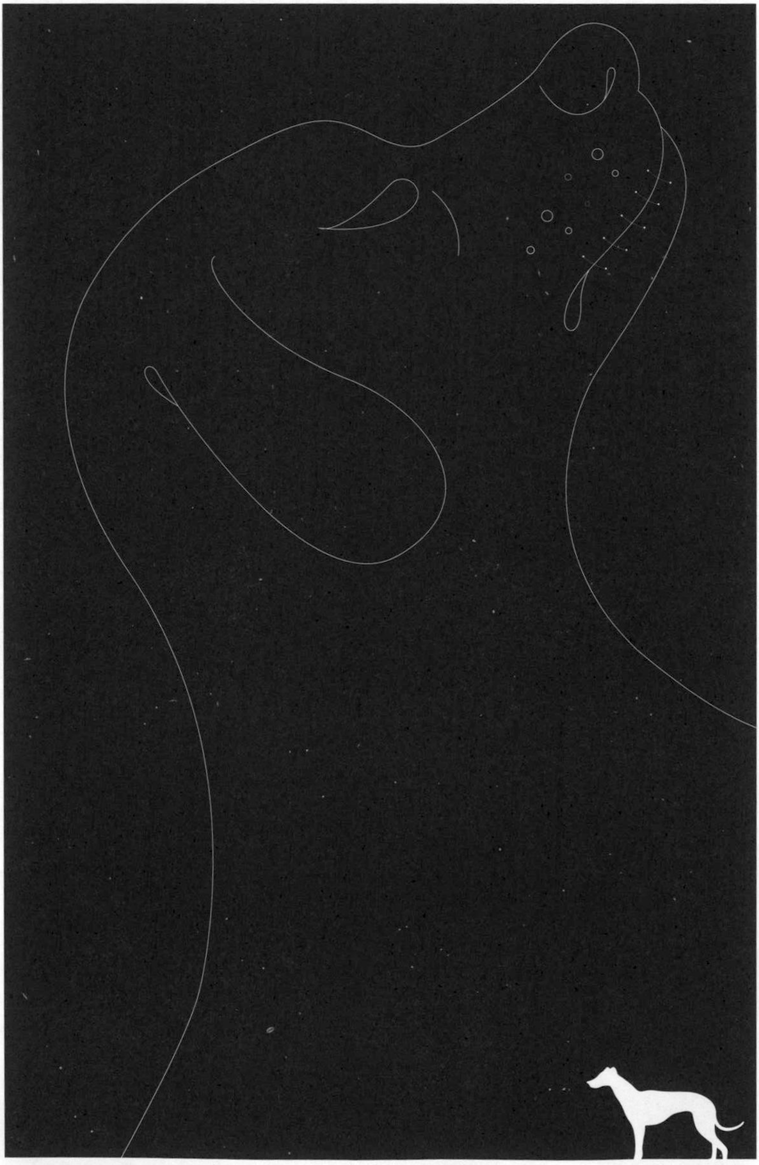

亞歷山大大帝敬重的第歐根尼

（Diogenes，西元前404－323年）

鑄假幣

第歐根尼（Diogenes）約生活在西元前四〇四年至前三二三年，他是錫諾普人。父親負責管理城邦的貨幣鑄造，第歐根尼負責監督製造。據說技工們說服他去德爾菲神廟，求到的神諭是「改變貨幣」，於是他就回去鑄造假幣。結果事情敗露，被逐出城邦。

貨幣是流通物，英語叫 currency，詞根為 current，即流水。只有花掉的錢才是真正屬於自己的錢，因為錢花掉了，才實現「流動」的本性。泰利斯（Thales of Miletus）說水是世界的本原，一切從水中來，一切又復歸於水。貨幣像世界的本原一樣，可以和一切事物相互轉化。世間除了貨幣流動，人們的思想觀念和社會中的禮儀習俗也是流動性的貨幣。例如有人類學家提出，禮儀就是情感的貨幣。第歐根尼得到的神諭，可能是要他去改變人們的觀念和社會的禮俗，但他只做字面的解釋。

賣自己

此後不久，第歐根尼被抓捕，被當作奴隸在市場上出售。賣主問他會什麼，他說：「統治人。」還特意叮囑賣主要留意買家，看是否有人想買個主人回去。塞尼亞德把他買下，讓他做孩子的家庭教師。第歐根尼對塞尼亞德說：「你必須服從我，雖然我是奴隸；就像醫生或舵手也可能是奴隸，但人們必須服從他們。」

拜師

第歐根尼想拜安提西尼為老師，但安提西尼不願意收學生，對前來拜訪的人態度惡劣，當然拒絕了。第歐根尼很有耐心地繼續糾纏，安提西尼就拿拐杖敲他，他沒有逃跑，反而把頭迎上去說：「打吧！只要您講的話值得聽，不論您的拐杖有多硬，也不能把我趕走。」

於是，第歐根尼成為安提西尼的學生。

天下無賊

第歐根尼認為萬物都屬於神，因此偷盜的事情根本不存在。所謂偷盜，不過是把原本屬於神的東西，從一個位置移動到另一個位置。有一次，他看到神廟管理人員抓到偷碗的人，評論說：「大盜領走小盜。」有人問他為何人們寧願把錢施捨給乞丐，卻不願意給哲學家，第歐根尼說：「因為他們覺得有朝一日或許會淪落為乞丐，卻絕無成為哲學家的可能。」

分享與獨占

第歐根尼看來，哲學家是神的朋友，而朋友之間應該財富共用。他說向朋友伸出的手，應該張開，不應該五指合攏。

有一次，他吃無花果時，遇上柏拉圖。張開手掌對柏拉圖說：「分享給你！」柏拉圖卻全部拿走。第歐根尼批評柏拉圖說：「我告訴你的是『分享』，你理解的卻是『獨占』。」第歐根尼聲稱，他能以勇氣對抗命運，以本性對抗習俗，以理性對抗激情。別

151 亞歷山大大帝敬重的第歐根尼

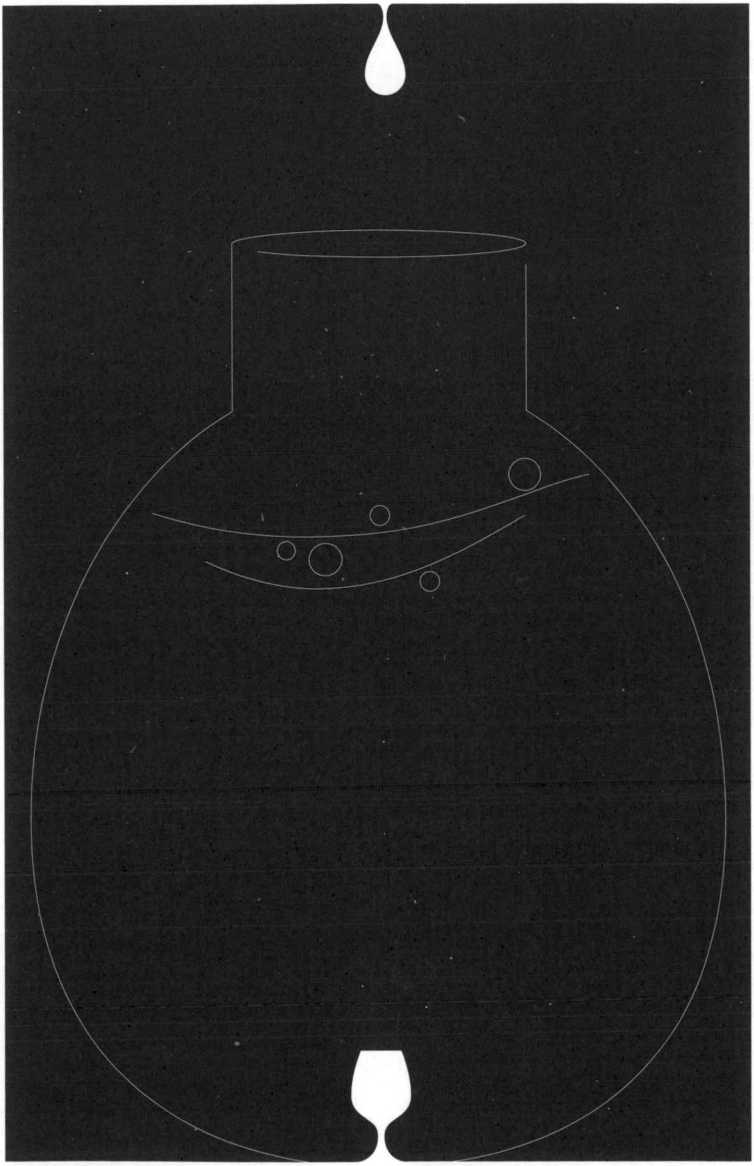

人問他的自我評價是什麼，他回答：「發瘋的蘇格拉底。」柏拉圖也是蘇格拉底的學生，但他不瘋，是堅守習俗的文明人，而第歐根尼卻發誓要對抗習俗。他曾大白天提燈籠，滿街嚷嚷著說要找「人」。在他看來，生活在習俗中的人，只能叫惡棍或無賴。柏拉圖對待物質利益（無花果）的態度，代表文明人的態度——必須占有，才能享用，他們已經無法理解什麼叫「分享」了。

幸福與缺乏

第歐根尼捎信給柏拉圖要葡萄酒喝，結果柏拉圖送他滿滿一罈。第歐根尼再次批評柏拉圖：「有誰能將二加二的結果算成二十呢？」第歐根尼對待物質財富的態度，就是以需要為基礎，多餘的身外之物將是生命的負累。欲望、需求叫 want，同時又是「缺乏」的意思。需求愈多，說明缺乏愈多；滿足欲求的過程，是痛苦追逐的過程。正因為缺乏是欲求的基礎，所以痛苦是幸福的基礎。

第歐根尼看來，真正幸福的祕訣不在欲望得到滿足的程度，而在一個人從欲望的捆綁中獲得解脫的程度。幸福不在刺激和激情的平復，而在心靈的和平寧靜。外在需求愈少的人，欲望愈小，愈容易獲得滿足和心靈的寧靜。因此，第歐根尼的房子就是一個木桶，床鋪是可以折疊的斗篷。一次，他看到小孩子在河邊用手捧水喝，索性把飯碗也扔了。他說：「小孩子在生活儉樸方面已經超過我。」

憎惡奢華

崇尚極簡生活的第歐根尼當然厭惡奢華，他到朋友家，看到室內裝飾得金碧輝煌，就吐一口痰到朋友臉上。然後，一邊替他擦拭，一邊解釋：「其他地方都太乾淨了，唯有這裡適合吐痰。」一次，他看到有人讓奴僕替自己繫鞋帶，就詛咒那人說：「你的福分還沒有達到極致啊！最好能讓他幫你擦鼻涕，如果你的胳膊、腿都廢掉的話。」

第歐根尼到柏拉圖家，見到地上鋪著地毯，故意用腳上的泥把地毯弄髒，一邊踩，一邊說：「柏拉圖，我踐踏了你的虛榮。」柏拉圖回答：「踐踏虛榮的東西，不過是另一種虛榮而已。」

禁欲主義的生活

第歐根尼在塞尼亞德家擔任家庭教師，教導孩子們在日常飲食上做到粗茶淡飯。他常讓孩子蓄短髮、不修邊幅、不穿緊身內衣、赤腳、安靜，在路上不四處張望，還帶他們外出打獵。孩子們很尊敬第歐根尼，在父母面前為他說許多好話。

第歐根尼更是身體力行，從各方面訓練自己，夏天常在滾燙的沙子上打滾，冬天則擁抱覆滿雪花的雕像。他常光腳在雪地上行走，甚至試著吃生肉，結果卻無法消化。

曾有人對他說：「你現在已是老人，應當安度餘生。」他回答：「什麼？長跑比賽接近終點，你居然要我停下腳步？我應該加速衝刺才對啊！」

文明與瘋癲的距離

第歐根尼還說，大多數人距離瘋狂僅一根手指厚的距離。如果有人走路時伸出中指，人們會認為他瘋了；但如果伸出的是食指，就不會被那樣認為。他說，極有價值的東西往往被用來與一文不值的東西交換，反之亦然。因此，一座雕像可以賣到三千德拉克馬，而一筐麵粉卻只值兩個奧波勒斯。

對學問的譏諷

有人透過詭辯論證自己有長角，第歐根尼摸著那人的額頭說：「哦，我沒有看見。」同樣的，當人宣稱根本不存在運動時，他便站起來四處走動。還有人談論天文現象，第歐根尼問：「你從天上走到這裡要花多長時間？」

柏拉圖曾將人定義為雙足且無羽毛的動物，並因此得到讚揚；第歐根尼就將一隻公雞的羽毛拔光，然後拎到學校，說這就是柏拉圖所說的「人」。逼得柏拉圖不得不在定義上添加一個修正：寬平的指甲。

對習俗的譏諷

第歐根尼的奴隸逃走了，人們建議他快去追。第歐根尼說：「奴隸離開主人可以生存，主人離開奴隸卻無法生存，這太荒謬了吧！」

有人問他來自何處，他說：「我來自地球。」這是嘲諷那些以出生地自傲的人。有人嘲笑他遭到母邦流放：「第歐根尼，錫諾普人判你流放。」他說：「我判他們永遠待在錫諾普。」

他時常譴責向神禱告的人，因為那些人所祈求的事物，並非真正對自己好的事物。他在墨伽拉看到羊身上裹著皮衣，而孩童們赤身裸體，便說：「與其做墨伽拉人的兒子，還不如做他們的羊。」

第歐根尼看到有人向妓女祈求，就說：「這麼渴望寬衣解帶，何苦還要穿著衣服呢？」見到女人乘著轎子出行，他說：「裡面的鳥配不上這個籠子。」看到有婦女吊死在橄欖樹上，就說：「但願每棵樹上都能結出這樣的果實。」一個女人掉到河裡快淹死了，他卻置之不理，並且說：「對於最壞的東西，不可能有更壞的事情發生。」德爾菲神廟前有座阿芙蘿黛蒂的雕像，第歐根尼破壞公物，在底座寫了一句話：「出於希臘人的淫蕩。」

第歐根尼在集市上手淫，有人因此譴責他，他說：「肚子脹了，揉揉可以緩解痛苦，這地方也一樣。」

有一次演講結束，第歐根尼當著聽眾的面蹲下方便。

對世人的嘲諷

他見到年輕人打扮得油頭粉面，就說：「如果你想取悅男人，那你就是傻子；如果你想取悅女人，那你就是騙子。」

有年輕人抱怨自己不適合學習哲學，第歐根尼說：「那還活著做什麼呢？如果你根本不在乎什麼才是好的生活。」

有人聽了他的演講，想要他的著作。第歐根尼說：「你這個傻瓜，真實的無花果放在眼前，你不去吃，卻要選擇畫出來的無花果；實踐中的美德你視而不見，卻要研究書上記錄的東西。」

有人向他吹噓自己的幸運，說自己成為亞歷山大大帝（Alexander the Great）的座上賓，可以和亞歷山大一起吃飯。第歐根尼說：「這不是幸運，而是厄運，因為你不能在自己餓的時候吃飯，反而要在亞歷山大覺得合適時才能進餐。」

有人嘲諷他總是在骯髒的地方出沒，第歐根尼說：「太陽會照向廁所，但沒有被玷汙。」

有人告訴他，世人大多在嘲笑他，第歐根尼回答：「說不定驢子也在嘲笑他們，但他們不在乎；他們嘲笑我，我也不在乎。」

第歐根尼看到一個愚笨的摔跤手在學習醫術，就對他說：「你學習這門手藝，是要報復那些曾擊敗過你的人嗎？」

第歐根尼看到一個妓女的兒子向人群投擲石子，就說：「小心，別砸到你老爹啦！」

他看到有人拿石子投向十字架，就說：「打得好，你會實現自己的目標。」

他見到一個箭法很差的人總是射不中靶，索性就坐在靶子下方，並且說那是最安全的地方。

像狗一樣生活

柏拉圖說第歐根尼是一條狗，他回答：「沒錯，我一次次回到出賣我的人那裡。」他還說：「我就是犬儒第歐根尼，對餵養我的人示好，對拒絕施捨的人吠叫，對惡棍就要咬上一口。」

有人見他在市場上撿東西吃，圍著他看，紛紛議論說：「這就是一條狗。」第歐根尼抬起頭說：「你們才是狗！只有人吃飯時，狗圍著看；哪有狗吃飯，人卻圍著看的呢？」有人把一根骨頭丟給第歐根尼，並且嘲笑他是一條狗。他就學狗的樣子，翹起一條腿，撒了那人一身尿。

與亞歷山大大帝的交鋒

亞歷山大大帝見到第歐根尼說：「我是亞歷山大大帝。」第歐根尼回答：「我是犬儒第歐根尼。」

「你怕我嗎？」亞歷山大問。

「你是好人還是壞人？」

「好人。」亞歷山大回答。

「我為什麼要怕一個好人呢？」

隨後第歐根尼問亞歷山大有什麼計畫，亞歷山大回答說要征服希臘。第歐根尼繼續追問是什麼計畫，亞歷山大說要征服小亞細亞和整個世界。第歐根尼窮追不捨，問他再下一步的計畫是什麼。

「接下來，我就可以放鬆，好好享受人生。」

「你搞得太麻煩了，看我現在正躺著晒太陽，不就是在享受人生嗎？」

亞歷山大說：「你有什麼要求，只管提吧，我都願意滿足你。」

「站一邊去，別擋著我的太陽。」

亞歷山大的隨從對第歐根尼的無禮感到憤怒，要求處罰他。但亞歷山大沒有生氣，而是喟然長嘆說：「如果我不是亞歷山大，希望自己是第歐根尼。」

豎琴及其他

「空談美德卻不去實踐的人，就像一把豎琴，把美妙的聲音傳給別人，自己卻是塊毫無知覺的木頭。」

「我不知道神是否存在，但我知道神應該存在。」

「臉紅是美德的顏色。」

「對待上司要像對待火一樣，不要靠太近，免得被烤傷；也不要離太遠，免得被凍僵。」

「為了自我保全，人既需要朋友，也需要敵人，前者勉勵他，後者磨礪他。」

「談論美德，聽眾零落；喧嚷起舞，觀者如堵。」

「需求最少的人，是最滿足的人。」

「世上最美好的事物就是言論自由。」

第歐根尼之死

據說第歐根尼活到九十多歲，死因說法不一。有人說是吃生章魚後腹痛而死；有人說他分章魚肉給狗，被狗咬斷腳腱而死；有人說他活得不耐煩，閉氣自殺。閉氣自殺應該不可能，但自殺有可能。犬儒學派有自殺的傳統，他們並非悲觀厭世，只是覺得活夠了，坦然地結束自己的生命。

雖然第歐根尼一生對雅典人極盡諷刺之能事，但雅典人卻十分敬重他。在他死後，為他豎立青銅雕像，上面刻下這樣的銘文：「時光可以使青銅褪色，但你的榮耀，第歐根尼，卻是永恆的時光所無法摧毀的。只有你，向凡人指出自足的訓誡和生活的簡易之道。」

尼采曾罵過很多哲學家，卻沒有罵過第歐根尼，事實上，他在多處化用第歐根尼的言行。犬儒的冷嘲熱諷讓文明人心生憂傷，因為他刺痛文明人的心靈，讓世人不得不反思傳統習俗的合理性。尼采甚至認為，能否刺痛世人，就是真哲學與假哲學的區別。假哲學是讓人「睡眠」的和諧說教，真哲學是讓人驚醒的刺耳吶喊。就像一個美女，一定曾讓很多追求者心生憂傷，而「睡眠」的說教者，絕不會讓任何人憂傷。尼采揶揄說，這種哲學的墓誌銘中應該加上一句話：「她未曾使人憂傷！」

再窮都要追求哲學

克拉特斯與希帕嘉

（Crates，西元前365—285年）／（Hipparchia，西元350—280年）

棄家財如糞土

克拉特斯（Crates）是犬儒學派第三位舉世聞名的代表人物，約生活於西元前三六五年至前二八五年。有人說他是第歐根尼的學生，但無法確定。他出身名門，家財萬貫，有一次觀看悲劇演出時，看到海克力士的兒子忒勒福斯（Telephus，密細亞的國王）挎著一個籃子，一副悲慘的模樣，就決定投身到犬儒學派之中。

西元前三三七年，馬其頓國王腓力二世（Philip II of Macedon）在科林斯會議上宣布私有財產不可侵犯，嚴禁重新分配土地、取消債務或解放奴隸。但雅典的克拉特斯卻視錢財如糞土。他變賣家產，積累二百塔蘭同，分發給同胞。他解放自己的奴隸，有人甚至說他把錢都丟進大海，還喊著：「沉下去吧！你這罪惡的貪婪；我寧願溺死的是你，而不是我。」也有人說，他把一筆錢託付給銀行家，條件是：如果兒子將來成為普通人，就把錢給他；如果兒子成為哲學家，就把錢分給別人，因為哲學家是自足的。

他認為財富不過是虛榮心的獵物，真正的財富是智慧、獨立、真理、直言、自由，而且認為他從安提西尼和第歐根尼那裡繼承的財富比波斯帝國的財富還多。

據說亞歷山大大帝曾在他家裡住過，還問他是否想重建自己的家鄉，但克拉特斯說：「沒有必要，即便重新建設，說不定會被另一個亞歷山大毀了。」

袋子與皮拉島

克拉特斯的一條腿有點瘸，而且駝背，就像乞丐一樣在大地上四處遊走，隨身攜帶裝雜物或零食的袋子，希臘語叫 pera，這個袋子幾乎是犬儒的全部家當，也是精神象徵。犬儒遺世獨立，拒絕做欲望的奴隸。克拉特斯說：「禁食能撲滅欲火，如果無效，可以上吊自殺。」他們敬重大力神海克力士，認為他身負重任、攻堅克難、不尚浮華。

第歐根尼的《共和國》提倡使用骨幣而不用貴金屬；提倡婦女為公社所有，而非某一男子的私產；男女穿同樣的服飾，裸體參加體育鍛鍊。書中近似財產共有、男女平等、取消家庭的思想成為後世無數「理想國」範本。

克拉特斯寫詩描述心目中的「理想國」，以「Pera」命名。他描述一個叫 Pera（可譯為「皮拉」）的島國，皮拉島風光秀麗、物產豐富，沒有貧窮，沒有私有財產，「沒有一個愚人、寄生蟲、貪婪者和性欲的奴隸……人們不會相互殘殺，不會為了金錢和榮譽而大動干戈」。

克拉特斯有一個名叫芝諾（Zeno of Citium）的學生，來自賽普勒斯的季蒂昂，克拉特斯經常與他在大廳的走廊中活動，走廊叫 stoas，因此，芝諾成了做為禁欲主義代名詞的「斯多葛主義」（stoics）創始人。可以說，犬儒主義與斯多葛主義一脈相承。

非克拉特斯不嫁

希帕嘉（Hipparchia）生於西元前三五〇年，愛上克拉特斯的學說和生活方式，任何追求者都無法讓她回頭，無論他們有怎樣的家產、身世和容貌。對她而言，克拉特斯就是一切。她甚至威脅父母，如果不將她嫁給克拉特斯，她就自殺。應她父母之請，克拉特斯使出渾身解數勸說她，最終未能說服。於是克拉特斯站了起來，在她面前脫掉衣服說：「這就是新郎和他擁有的全部家當，妳要考慮清楚，除非妳接受他所追求的，否則無法成為他的伴侶。」

面對這個又瘸又駝的男人，希帕嘉沒有退卻，毅然選擇他，穿上同樣的衣服，和丈夫一起幕天席地、四處行乞。有人以第一人稱寫詩讚揚她：「我從不在衣服上別飾針，也不樂意腳上穿鞋，頭上抹香水。一根拐杖，雙腳赤露，不在意蔽體的外套有多皺，睡在僵硬的地上而不需要床，這就是我的選擇。」

據拉丁語作家魯齊烏斯．阿普列尤斯（Lucius Apuleius）記載，希帕嘉在光天化日之下，與丈夫在公共場所交媾。他們有兩個兒子和一個女兒，據第歐根尼．拉爾修的記載，他們帶兒子去妓院，讓孩子知道自己是如何創造出來，還允許女兒試婚。

羞辱西奧多羅斯

西奧多羅斯是臭名昭彰的無神論者，第歐根尼認為他是最無恥的人。例如當斯提爾波對雅典娜的雕像論證「女神不是神」時，西奧多羅斯居然反問：「你是從哪個部位分辨出女神和神的區別呢？」在馬其頓國王利西馬科斯的宴會上，希帕嘉曾透過詭辯羞辱西奧多羅斯。

希帕嘉說既然西奧多羅斯做什麼都不會錯，那麼他打自己也不會是錯的；打自己和別人幫他打自己沒有區別，所以希帕嘉毆打他也沒錯。說著，就要動手打西奧多羅斯。但西奧多羅斯是個無恥的傢伙，他沒有反駁，而是企圖脫掉希帕嘉的斗篷。

★師從蘇格拉底

柏拉圖

（Plato，西元前427—347年）

夢中的天鵝

柏拉圖生活於西元前四二七年至前三四七年，他是雅典公民，父親是亞里斯通（Ariston），母親是培里克瓊（Perictione）。柏拉圖還有兩個哥哥和一個妹妹，後來繼承學園的人就是妹妹的親生兒子斯珀西波斯（Speusippus）。父親去世後，母親改嫁，又替柏拉圖生了同母異父的弟弟安提豐（Antiphon）。

雅典流傳一個故事，亞里斯通曾試圖強暴培里克瓊，但由於她正處花季，身強力壯，亞里斯通沒得逞；停止強暴後，阿波羅出現在他的幻覺中，正因如此，他沒有繼續騷擾培里克瓊，直到她生下孩子。

這與耶穌（Jesus）降生的傳說極為類似，就是為了說明亞里斯通其實不是柏拉圖的父親，柏拉圖是太陽神阿波羅的兒子，就像耶穌不是凡人木匠約瑟（Saint Joseph）的兒子，而是上帝的兒子一樣。還有傳言說，柏拉圖小時候曾有蜜蜂停在他嘴上，因為他的口才猶如蜂蜜一般流淌。Plato 是「寬闊」之意，因為柏拉圖肩膀和額頭寬闊，故而以 Plato 為名。有人記載，成年的柏拉圖曾在運動會上贏得摔跤冠軍。

還有人宣稱，蘇格拉底曾在夢中看見天鵝站在自己的膝蓋上，而後突然展開雙翅，發出一聲悅耳的鳴叫後飛向天空；第二天，就有人帶著柏拉圖來拜他為師。於是，他就把柏拉圖說成是夢中的天鵝。

博采眾家

年輕的柏拉圖曾想以悲劇寫作為職業，但當他聽過蘇格拉底的談話後，就把自己的作品投入火堆，決定跟隨蘇格拉底學習，那時他剛滿二十歲。蘇格拉底死後，他追隨過赫拉克利特派哲學家克拉底魯和通曉巴門尼德哲學的赫爾莫格涅斯。約二十八歲時，他和蘇格拉底的某些門徒一起投奔墨伽拉的歐幾里得。再後來，他又去義大利拜見畢達哥拉斯學派的菲洛勞斯（Philolaus）和歐律托斯（Eurytus）。

從柏拉圖的文字中，的確可以讀出上述哲學家的影響，第歐根尼·拉爾修評論說：「他把赫拉克利特（Heraclitus）、畢達哥拉斯（Pythagoras）和蘇格拉底的學說糅合在一起。就關於可感事物的學說而言，他與赫拉克利特一致；就關於可知事物的學說而言，他吸收了畢達哥拉斯的理論；政治哲學方面，他繼承蘇格拉底的教導。」

哲學王的理想

柏拉圖七十歲時寫的《第七封信》道：「直到最後我得出結論，所有現存的城邦無一例外都治理得不好，除非它們的法律制度有驚人的計畫且伴隨好運，不然難以醫治。因此我認為，只有正確的哲學才能讓我們有能力分辨對社會和個人來說什麼是正義。除非真正的哲學家獲得政治權力，或者是由於某種奇蹟，政治家是真正的哲學家，不然人類很難過上好生活，這就是我初次造訪義大利和西西里時所持有的信念。」

遊說大狄奧尼西奧斯

大狄奧尼西奧斯（Dionysius the Elder）是西西里島的敘拉古王國的僭主，統治敘拉古長達三十九年。曾征服西西里和義大利南部，使敘拉古成為希臘本土以西最強大的城邦，是希臘世界人口最多的城市，可媲美後來希臘化時期的亞歷山大里亞。儘管他創立的帝國保留古老政治體制的形式，實際上卻是軍事獨裁的君主國家。

大狄奧尼西奧斯的大臣狄翁（Dion of Syracuse）小柏拉圖二十歲，曾是柏拉圖的學生，服膺柏拉圖的思想。在狄翁的引薦下，柏拉圖見到大狄奧尼西奧斯，並像周遊列國的孔夫子一樣遊說他，可能想實現心中「哲學王」的政治理想。

他和大狄奧尼西奧斯會面，提出勸告，如果施政僅為了統治者的個人利益，這不是最好的政治，除非統治者在道德上出類拔萃。此言觸怒了僭主，他斥責柏拉圖：「你講起話來就像個老糊塗。」柏拉圖反脣相譏：「你講起話來就像個暴君。」大狄奧尼西奧斯大發雷霆，由於狄翁等人規勸，才沒有立即處死柏拉圖，但事後仍然唆使當時在敘拉古的斯巴達使節將柏拉圖當作奴隸出賣，幸虧中途得到朋友救贖，才得以返回雅典。

遊說小狄奧尼西奧斯

西元前三六七年，暴君大狄奧尼西奧斯臥病在床，要求醫生給他一劑安眠藥（緩和神經且有助睡眠的藥物），醫生加大劑量，喝過後，暴君再也沒有醒來，國王的兒子小狄奧尼西奧斯登基繼位。狄翁又想到柏拉圖，看到年輕國王從失去父親的悲痛情緒中平復，狄翁勸說他邀請雅典的智者再次到西西里島。

柏拉圖應邀而至，並由國王的馬車將他一路從海港接進王宮。與國王談話時，柏拉圖盡力讓他的思想提升到更高貴的事物上，而不是美食、美酒和狐朋狗友。國王和他的夥伴決定要做出一番改變，想要學習科學，例如幾何學。這些年輕人對新的學問非常熱衷，以至於在王宮內的很多房間，都能看到成群的人在鋪著沙土的大理石地板上書寫歐幾里得算式。

國王對教育和學習的樂趣沒有持續多久，狄翁成為眼中釘，被驅逐出西西里。柏拉圖待了一段時間，但國王對他愈來愈怠慢，最後還暗示他離開。柏拉圖離開前，他與小狄奧尼西奧斯有一次共飲，國王說道：「柏拉圖先生，我想如果你回到雅典，就會在朋友面前把我所有的過錯都抖出來，並把我的性格批得千瘡百孔。」

「陛下，」柏拉圖回答：「我想我們會有很多話題談論，而不是你。」不久柏拉圖就返回希臘。

開辦學園

西元前三八七年，柏拉圖從西西里返回雅典後，在朋友們的資助下，於雅典城外西北角的阿卡德摩斯（Academus）建立學園。這裡原來是用來紀念阿提卡英雄，柏拉圖的學園就以此命名。這是歐洲歷史上第一所綜合性學校，用以傳授知識，進行學術研究，提供政治諮詢，培養學者和政治人才。

柏拉圖的著作都以對話形式展開，而對話的主角幾乎都是蘇格拉底。導致人們很難將蘇格拉底與柏拉圖的思想區分開。據說，當蘇格拉底聽到柏拉圖朗讀《呂西斯篇》時，不禁大喊：「以海克力士的名義起誓，這個青年人正在告訴我的都是一些什麼樣的謊言呀！」很明顯，柏拉圖在對話中借蘇格拉底之口，說了很多蘇格拉底從來沒有說過的話。

柏拉圖的學園建立後，園址長期未變，直到西元前八六年羅馬的統帥蘇拉（Sulla）圍攻雅典時，才被迫遷入雅典城內，以後一直存在到西元五二九年。這一年，東羅馬皇帝查士丁尼一世（Justinian I）出於維護基督教神學的需要，下令封閉雅典所有傳授異教哲學的學校，柏拉圖的學園前後持續存在達九百年，此後西方各國的主要學術研究院都沿襲它的名稱「Academy」。

據普魯塔克記載，柏拉圖曾派遣很多學生參與各城邦的立法與政治活動。柏拉圖死後，亞歷山大皇帝還向學園第三任領袖色諾克拉底（Xenocrates）請教治國之術。

柏拉圖晚年在希臘世界享有崇高的榮譽，西元前三四七年，他已八十歲高齡，在他

人的婚禮宴會上無疾而逝，葬於他耗費大半生才華的學園，所有學生都參加了葬禮。

金屬比喻

柏拉圖《理想國》對「正義」的認知使哲學王的權力合法化，他們向民眾撒謊，散播論證社會秩序合理性的神話。蘇格拉底看來，統治者知道什麼對人民來說真實和有益，所以他們有權說謊。蘇格拉底說：「統治者……為了城邦的利益而對敵人或民眾使用欺騙手段是合宜的。」當然，蘇格拉底又說，其他人無權撒謊。

重要的神話體系中，都有一個神話故事用來讓人們接受他們在社會中的位置。當然，這種神話中的任何一個，都服務於減少社會不滿情緒和論證統治者權力的合理性這一目的。關於金屬的神話中，蘇格拉底告訴民眾，人是由金、銀、銅、鐵四種金屬混製而成。適合做領導的人主要由金子組成，因此最為珍貴；負責護衛的士兵主要是銀子組成，而農民和工人則由銅和鐵製成。

關於金屬的神話為維持世襲社會等級秩序找到正當理由，蘇格拉底說，金質父母生金質子女，銅質父母生銅質子女。他認為理想的狀態是將同質的子女放在一起撫養，當然，一些金質父母會生出銅質子女，而一些銅質父母的子女會是金質。發生這種情況時，這些不像他們父母的孩子應當被放到適當的社會階層中。

洞穴比喻

柏拉圖讓我們想像一些人住在巨大的洞穴，從小就被鎖鍊困住頸項和腿腳而動彈不得。他們甚至無法回頭，只能看到面前的東西。他們背後是一塊高地，上面有另外一些人，他們扛著人造的東西來回走動。走動的人後面是一團火，再後面是洞穴出口。被鎖住的人只能往洞穴盡頭的洞壁方向看，既看不見彼此，也看不見走動的人及後面的火。囚徒們唯一能看見的是前面洞壁上的影子，他們沒有意識到任何東西的存在，囚徒就將影子視為唯一的實在。

假設有囚徒碰巧走出洞穴，陽光刺激得他眼睛發痛，過一段時間才能適應洞穴外的世界。首先先認出一些影子，覺得很熟悉。然後，將看到人們與各種東西在水中的倒影，代表他在知識上的巨大進步。最後，他會發現真實的世界五彩斑斕，而不是洞穴中所看到黑乎乎的一片模糊。

他將回想起那個能把來來往往的影子看得最清、把這些影子的前後順序記得最準的人，他們曾如何交口稱讚。這個被釋放的囚徒還會認為這種稱讚是值得擁有的嗎？他還會羨慕在洞穴中得到讚譽的人嗎？事實上他一點都不羨慕，相反的，他只會覺得這些人可悲、可憐。

接下來，見識過光明的囚徒是否要返回原來的洞穴？如果他回去，會因為不適應洞穴中的黑暗，反而手足無措，因此被洞穴中的愚昧人嘲笑，說他跑出去只是弄瞎自己的眼睛，這又是哲學家的悲哀。

理念說

木匠打造我們使用的床或桌子時，心裡總想著床或桌子的「理念」，而「理念」卻不是任何工匠能製造的。但總有一種萬能的工匠，不但能製造一切人造物，而且能製造一切植物和動物。如果你拿一面鏡子到處去照，便能照出太陽、天空和大地上的一切，以及你自己。但用鏡子照出的不過是影像，畫家所描繪出來的一切也是影像。

如此一來，這裡已經有三種床：一種是天然存在做為「理念」的床，由神創造；一種是木匠造的床，是「理念」的模仿品；再一種是畫家畫的床，是對模仿品的模仿。以床為例子進行類推，可以將整個世界分成三部分：理念的世界（真實的世界）、現實的世界（對理念的模仿）、影像的世界（虛幻的世界）。

有人為諷刺柏拉圖的思想，講了一個故事，一個學生在學園學習很長時間，回到家裡，父親料理一隻雞犒勞他。用餐時，父親問孩子從柏拉圖那裡學到什麼。孩子說：「桌子上的是隻虛假的雞，真實的雞是做為理念存在的。」父親聽後對兒子說：「好吧，這隻虛假的雞歸我，那隻做為理念存在的真實的雞，就留給你吃吧！」

愛情觀

人開始愛一個人美的形體（肉體），從這個美的形體認識美的道理（邏各斯），進一步認識到這個形體的美和另一個形體的美是一致的，從而可以在一切美的形體中看到共同的「理念」。到了這一步就不會否認一切形體的美是相同的，從而認識到形上的「理念」才是真實的美。從形體美開始，進而認識到心靈的美、法律的美、制度的美、知識的美，最終達到至善。

師從蘇格拉底
柏拉圖

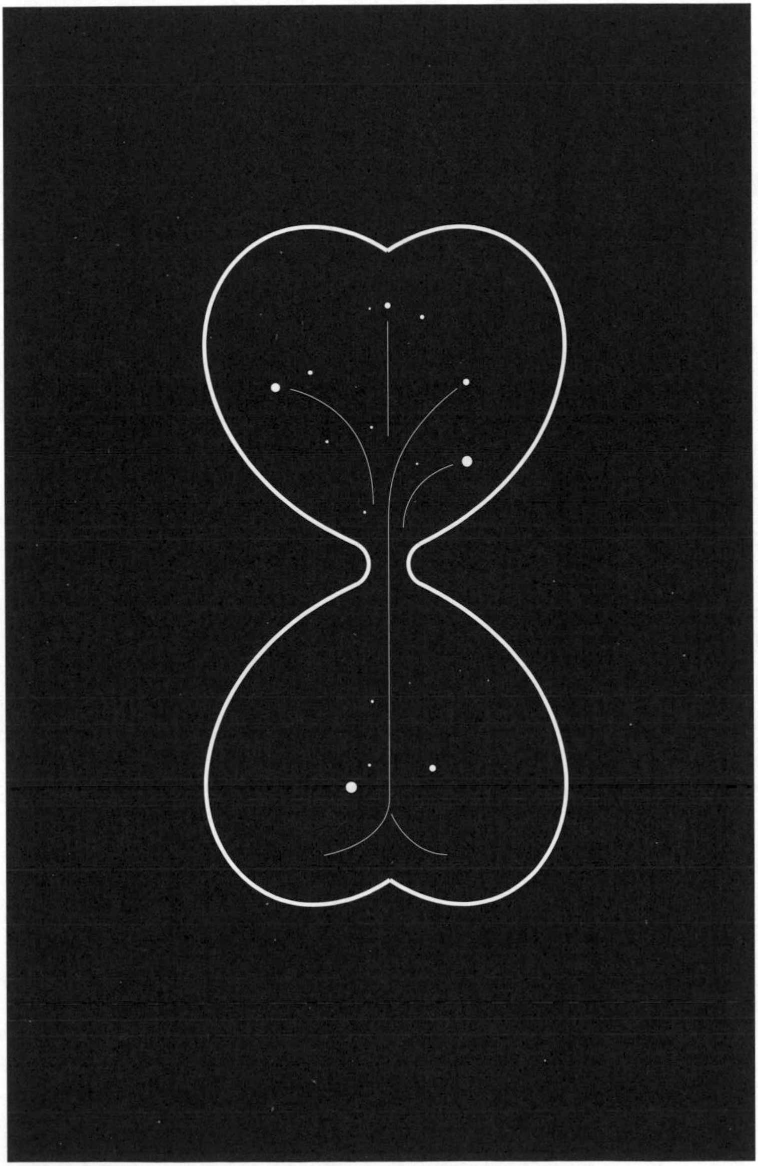

在柏拉圖這裡，以色欲為基礎的愛情僅是人們開啟形上學追求的導火線，人應該透過愛一個人學會愛所有人，進而愛美德、正義和真理。現實中很多人會把愛情看作虛幻，猶如人生的調味劑，不能當飯吃。這些人的愛情像煙花一樣縹緲，不切實際，對他們而言，只有當煙花跌落地面時，才認其為「真實的生活」。

如果柏拉圖見到他們，可能會這樣說：「水是用來滅火，但一杯水無法熄滅火山；光明是用來驅趕黑暗，但一支蠟燭不能照亮全世界；愛情可以超越世俗，但短暫的激情不足以支撐漫長人生。既然愛了，就不要像煙花一樣返回地面，而要像火箭一樣擺脫地球的引力和沉重的肉身——有了高度，才能俯瞰大地；開了眼界，才能超越世俗。」

三種善

柏拉圖認為世上有三種善。

第一種善，我們樂意擁有，只是擁有它本身，而不是其後果。例如歡樂和無害的娛樂，不會帶來什麼後果，不過快樂而已。

第二種善，我們之所以愛它，既是為了它本身，又為了它的後果。例如明白事理，視力好，身體健康。我們歡迎這些東西，是為了同時擁有這兩個方面。

第三種善，我們愛它不是為了它本身，而是為了報酬和其他種種隨之而來的利益。例如鍛鍊是為了強身健體，生病求醫催生了醫術。總體來說，賺錢之術都屬這一類。說起來這些可算苦差事，但有利可得。

正義的起源

格勞孔（Glaucon）認為，正義是一件苦事。人們拚命去做，圖的是名和利。至於正義本身，人們是害怕的，想盡量回避。

人們說做不正義的事是利，遭受不正義是害，遭受不正義所得的害超過做不正義之事所得的利。所以人們在彼此交往中，既嘗到做不正義之事的甜頭，又嘗到遭受不正義的苦頭。兩種味道都嘗過後，不能專嘗甜頭而不吃苦頭的人，覺得大家最好建立契約：既不要得不正義之惠，也不要吃不正義之虧。打這時起，他們中間才開始定法律、立契約。他們稱守法踐約為合法、正義，這就是正義的本質與起源。

正義的本質就是最好與最壞的折衷——所謂最好，就是幹壞事而不受罰；所謂最壞，就是受罪而無法報復。人們說正義是兩者之折衷，之所以為大家接受和贊成，不是因為它就是真正的善，而是這些人沒有力量去做不正義之事，任何一個真正有力量作惡的人，絕不會願意和別人訂契約，答應既不害人也不受害——除非他瘋了。

裘格斯戒指

格勞孔認為人不為己，天誅地滅！人都是在法律的強迫下，才走到正義這條路上。為了論證，他講述《裘格斯的魔戒》：

呂底亞人裘格斯的祖先據說是牧羊人，在當時呂底亞的統治者手下當差，有一天碰巧撿到一只金戒指，發現能使他隱身。只要戒指的寶石朝裡一轉，別人就看不見他，再朝外一轉，又看得見他，百試百靈。於是他想方設法謀到職位，當上國王的大臣。到了國王身邊，他勾引王后，與她同謀，殺掉國王，奪取王位。

照這樣來看，假定有兩只這樣的戒指，正義的人和不正義的人各戴一只，這種情況下，可以想像，沒有人能堅定不移地繼續做正義的事，也不會有人能克制住不拿別人的財物。如果他能在市場裡不用害怕，要什麼就拿什麼，能隨意穿牆越戶、調戲婦女、殺人劫獄，總之能像全能的神一樣，隨心所欲地行動，到這時，兩個人的行為就會一模一樣。因此我們可以說，這是有力的證據，證明沒有人把正義當成對自己有利的事而心甘情願實行，做正義之事是勉強的。任何場合之下，一個人只要能幹壞事，他總會去做。大家一目瞭然，從不正義那裡比從正義那裡，人能得到更多的利益。

真君子vs.假好人

按照格勞孔的說法，如果誰有權而不為非作歹，不奪人錢財，他就要被人當成天下第一號傻瓜，雖然當著他的面，人家還是稱讚他——因為人們怕吃虧，老是互相欺騙。

首先，我們假設不正義之人掌握專門的技術，例如會掌舵或治病救人，在技術範圍內，他能辨別什麼能做，什麼不能做，斟酌損益。即使偶爾出差錯，也能補救。他會把壞事做得滴水不漏，誰都不會察覺。如果他被人抓住，就是個蹩腳的貨色。不正義的最高境界就是嘴上仁義道德，肚子裡男盜女娼，所以還要給壞事做盡的人最正義的好名聲。如果他因做壞事遭到譴責，能鼓起如簧之舌，說服大家；如果需要動武，他有的是勇氣和實力，有的是財勢和朋黨。

然後，讓我們按照理論樹立正義者的形象：樸素正直，胸懷灑落，猶如光風霽月。他不是看上去像個好人，我們必須把「看上去」刪掉。如果大家把他看作正義的人，他就因此有名有利。這種情況下，我們搞不清楚他究竟是為正義而正義，還是為名利而正義。必須排除他身上的一切表象，只剩正義本身來和前面說過的假好人對立。讓他不做壞事而有大逆不道之名，這樣正義才可以受到考驗。雖然國人皆曰可殺，他仍正義凜然，鞠躬殉道，死而後已；他甘冒天下之大不韙，堅持正義，終生不渝。

格勞孔說，如此對照的話，是真君子活得幸福，還是假好人活得幸福呢？

「貌似」遠勝「真是」

格勞孔的兄弟阿德曼托斯（Adeimantus of Collytus）接著說，要做一個正義的人，除非我只是徒有正義之名，否則就是自討苦吃。反之，如果我不正義，卻已經掙得正義者之名，就能有天大的福氣！既然智者們告訴我，「貌似」遠勝「真是」，而且是幸福的關鍵，我何不全力以赴追求假象？有人說，做壞事不被發現很不容易。啊！普天之下，有哪一件偉大的事情是容易的？無論如何，想要幸福只此一途。

為了一切保密，我們拉幫派、搞團夥；有辯論大師教我們講話的藝術，向議會法庭演說，硬逼軟求，我們可以盡得好處而不受懲罰。有人說，對於諸神，既不能騙，又不能逼。怎麼不能？假定沒有神，或者有神而神不關心人間的事情，做壞事被神發現也無所謂。假定有神，神確實關心我們，我們所知道的關於神的一切，也是從故事和詩人們描述的神譜而來，它們同時告訴我們，祭祀、禱告、奉獻祭品，就可以收買諸神。

人類城邦的起源

蘇格拉底認為之所以要建立城邦，是因為每個人不能單靠自己達到自足，需要許多東西。由於需要許多東西，我們邀集許多人住在一起，做為夥伴和助手。這個公共住宅區，稱為城邦。一個人分一點東西給別人，或者從別人那裡拿來一點東西，每個人都覺得這樣有進有出對自己有好處。

首先最重要的是糧食，有了才能生存。第二是住房，第三是衣服，以及其他。如果農夫不管別人，只為自己準備糧食——花四分之一的時間，生產自己的一份糧食，把其餘四分之三的時間，一份花在造房子，一份花在做衣服，一份花在做鞋子，免得和別人交換，各自為我，只顧自己的需要，顯然會導致生產效率低下。這時，勞動分工就顯得非常必要。每個人從事一種技藝，從而有木匠、鐵匠、鞋匠等職業，當然，隨著城邦的擴大，有了專門從事戰爭的戰士，即城邦的護衛者。

戰爭中的鬥士應該需要更多樣化的鍛鍊，他們有必要像終宵不眠的警犬，視覺和聽覺都要極端敏銳；他們在戰鬥的生活中，能夠忍饑挨餓，無論烈日驕陽還是狂風暴雨，都能安之若素。

統治者有權撒謊

虛假對於神明毫無用處，但做為一種藥物，對凡人還是有用的。國家的統治者為了國家利益，有理由用來應付敵人，甚至應付公民。其餘的人一概不准和它發生任何關係。如果一般人對統治者說謊，我們認為就像病人對醫生說謊，運動員不把身體的真實情況告訴教練，甚至罪過更大。

統治者要對宣傳系統嚴加管控，例如荷馬的史詩，要有選擇地講給孩子們聽。以下的事情不能宣傳：一、其他諸神已入夢鄉，宙斯卻因性欲熾烈，仍然輾轉反側，瞥見希拉濃妝豔抹，兩情繾綣，竟迫不及待露天交合。宙斯還對妻子說，此次約會勝似初次幽會，因為背著父母；二、赫菲斯托斯的妻子阿芙蘿黛蒂與戰神艾瑞斯在河裡偷情，赫菲斯托斯抓個正著，用鐵鍊把他倆綁在一起；三、海神波賽頓（Poseidon）的兒子忒修斯（Theseus）和主神宙斯的兒子柏修斯（Perseus）擄掠婦女；四、德爾菲阿波羅神廟的神諭不靈驗。凡此種種，都不能隨意向青年宣揚。

驅逐模仿一切的詩人

荷馬或某些悲劇詩人透過模仿講述英雄受苦的故事，英雄們長時間悲嘆或吟唱，捶打自己的胸膛，這時即使是最優秀的人物也會同情地、熱切地聽著，甚至聽得入迷。應當讓這些情感乾枯而死時，詩歌卻給它們澆水施肥；應當統治它們，以便生活得更美好、更幸福而不是更壞、更可悲時，詩歌卻讓它們確立起對我們的統治。

和畫家一樣，詩人創作的真實性很低，因為詩人的創作是和心靈的低賤部分打交道。我們完全有理由拒絕讓詩人治理良好的城邦，因為他的作用在於激勵、培育和加強心靈的低賤部分，並毀壞理性部分，就像在一個城邦裡把政治權力交給壞人，讓他們去危害好人一樣。

鞋匠總是鞋匠，不在做鞋匠以外，還做舵手；農夫總是農夫，不在做農夫以外，還做法官；兵士總是兵士，不在做兵士以外，還做商人，如此類推。假定有人靠他的一點聰明，能夠模仿一切，扮什麼像什麼，光臨我們的城邦，朗誦詩篇，大顯身手，就以為我們會對他頂禮膜拜，稱他是神聖、了不起的，把他視為大受歡迎的人物。與他的願望相反，我們會對他說，不能讓這種人到我們的城邦；法律不准許這樣，這裡沒有他的地位。我們將在他頭上塗以香油，飾以羊毛冠帶，送到別的城邦。

護衛者不應有私有財產

優秀護衛者（護國者）的生活方式：

第一，除了絕對的必需品外，任何人不得有任何私產。第二，任何人不應該有私人的房屋或倉庫。至於他們的食糧應由其他公民供應，做為能征善戰、智勇雙全的護衛者的職務報酬。按照需要，食糧每年定量分配，既不多餘，亦不短缺。他們必須同住同吃，像士兵在戰場上一樣。

至於金銀，一定要告訴他們，他們已經從神明那裡得到，藏於心靈深處，不需要人世間的金銀。他們不應該讓心靈的寶藏和世俗的金銀混雜在一起而受玷汙，因為世俗的金銀是罪惡之源，心靈深處的金銀是純潔無瑕的至寶。

他們要是在任何時候獲得一些土地、房屋或金錢，就要去辦農業、做買賣，不能再碰政治、做護衛者。他們從人民的盟友蛻變為敵人和暴君。他們恨人民，人民恨他們；他們會算計人民，人民就要圖謀打倒他們；他們終身生活在恐懼中，懼怕人民超過懼怕國外的敵人。結果是，他們和國家一起走上滅亡之路，同歸於盡。

男女裸體參加操練

如果發現男性或女性更加適合某種職業，可以把某種職業分配給他們。但我們發現兩性之間，唯一的區別不過是在生理上，陰性受精生子，陽性放精生子。我們不能據此得出結論，說男女之間應有職業區別；我們相信，護衛者和他們的妻子應該從事相同職業。

沒有任何一項管理國家的工作，因為女人在做而專屬於女性，或者因為男人在做而專屬於男性，不同天賦才能同樣分布於男女兩性。實際上，各種職務，不論男女都可以參與，而總體上，女性看起來似乎比男性弱一些罷了。

女性護衛者必須裸體操練，因為她們以美德做衣服，必須和男人一起參加戰爭，以及履行其他護衛者的義務，這是她們唯一的職責。讓身體赤裸裸地呈現，總比遮遮掩掩好，此外，眼睛看來可笑的事物，理性看來是最善的，因此就變得不可笑了。

婦孺公有

護衛者一切公有，一身之外別無長物，他們之間不會發生糾紛。因為人們之間的糾紛，都是自己的財產、兒女與親屬的私有財產所造成。

護衛者不應該有私人的房屋、土地和其他財產。他們從別的公民那裡得到每日的工資，做為服務的報酬，大家一起消費。真正的護衛者就要這樣，能確保他們成為更名副其實的護衛者，防止他們把國家弄得四分五裂，把公有的東西說成「這是我的」，把他所能從公家弄到手的東西拖到自己家裡，把婦女、兒童看作私產，各家有各家的悲歡苦樂。

做為護衛者，這些女人應該歸男人共有，任何人都不得與任何人組成一夫一妻的小家庭。同樣的，兒童也公有，父母不知道誰是自己的子女，子女不知道誰是自己的父母。對大多數人的行動來講，情欲的必然比幾何學的必然有更大的強制力與說服力。最好的男人與最好的女人應盡可能結合在一起，反之，最壞的與最壞的要盡量少結合。女人應該從二十歲到四十歲為國家撫養兒女，男人應當從過跑步速度最快的年齡到五十五歲生兒育女。

母親有奶水時，引導她們到托兒所餵奶，但竭力不讓她們認清自己的孩子。如果母親的奶水不夠，要另外找奶媽。護衛者要注意不讓母親們餵奶的時間太長，把給孩子守夜和其他的麻煩事情交給奶媽和保姆去做。如果要保證最高品質的後代，最好者的下一代必須被培養成才，最壞者的下一代則不予養育。除了治理者外，別人不應該知道這些事情的進行過程，否則護衛者難免互相爭吵，難以團結。

哲學家是什麼人？

一般人關於美的東西和其他東西的平常看法，遊移於絕對存在和絕對不存在之間。

如果有什麼東西顯得既是有，又是無，就處於完全的有和完全的無之間，與之對應的能力就既不是知識又不是無知，而是處於這兩者之間的一種能力。

意見所談論的內容似有若無，就像這道謎語：什麼情況下，一個不是男人的男人看了又沒有看見一隻停在不是樹枝的樹枝上的不是鳥的鳥，用一塊不是石頭的石頭，砸了又沒有砸到？謎底：一個獨眼的太監用一塊浮石去砸一隻蘆葦上的蝙蝠，但沒有砸到。

只看到許許多多美的東西、許許多多正義的東西、許許多多其他東西的人，即便有人指導，也始終不能看到美和正義本身。哲學家是那些專心致志於每樣東西的存在本身的人，我們稱為「愛智慧者」，而不稱為「愛意見者」。

哲學家中最優秀者對於世人無用，這話是對的；但同時要說清楚，最優秀哲學家的無用，責任不在哲學本身，而在別人不用哲學家。真正合乎自然的事理應當是這樣：一個人病了，不管他是窮人還是富人，應該是他上醫生的家門去找醫生；任何需要管制的人應該是他們登門去請有能力管制的人。

航船比喻

柏拉圖的「航船比喻」十分有名，假設有一隊船或一艘船，船上發生這樣的事：有一個船長，身高力大超過船上所有船員，但耳朵有點聾，眼睛不怎麼好使，他的航海知識不太高明。船上水手們都爭吵著要替代他做船長，都說自己有權掌舵，雖然他們從沒學過航海術，說不出自己在何時向誰學過。他們還斷言，航海術根本無法教，誰要是說可以教，他們就準備把誰碎屍萬段。

同時，他們圍住船長強求他，甚至不擇手段地騙他把船舵交給自己，有時失敗了，別人取得船長的同意代為指揮，他們就將其殺死或逐出船，然後用麻醉藥或酒之類的東西把船長困住。有時成功了，奪取船隻的領導權，於是出盡船上庫存，吃喝玩樂，照自己希望的方式航行；不僅如此，凡是曾參與陰謀，狡猾地幫助過他們從船長手裡奪取權力的人，不論是提供主意還是出過力，都被授以航海家、領航、船老大等榮譽稱號，對不同夥的人，他們就罵人廢物。

真正的航海家必須注意年時、季節、天空、星辰、風雲和一切與航海有關的事情，才能成為船隻的真正當權者。不管別人贊成或反對，這樣的人必定會成為航海家。

問題是，發生過這種變故的船上，真正的航海家會被這些篡權的水手怎樣看待呢？他們不會叫他嘮叨鬼、占星迷或大廢物嗎？

哲學家的命運

構成哲學家天賦的品行如果受到不良教育或不良環境影響，就會成為背離哲學研究的原因，與所謂的美觀、富裕和所有這類生活福利一樣。對城邦和個人做大惡的人出自這一類，造大福於城邦和個人的人（如果碰巧有潮流帶著他朝這方向走）也來自這一類；反之，天賦平庸的人無論對城邦還是個人都做不出什麼大事。最配得上哲學的人就這樣離棄哲學，使其孤獨淒涼，他們因而過著不合適、不真實的生活；與此同時，配不上的追求者看到哲學沒有親人保護，乘虛而入，玷汙了他，使他蒙受反對者加上的惡名。

剩下來配得上研究哲學的人就只有其中微乎其微的部分：他們是出身高貴、受過良好教育的人，因處於流放而未受到腐蝕，依然真正地從事哲學；或是生於狹小城邦的偉大靈魂，不屑於關注小國的事務；還有少數人或許由於天賦異稟，脫離藐視的其他技藝，改學哲學。他們嘗到擁有哲學的甜頭和幸福，充分看到群眾的瘋狂，知道在當前的城邦事務中可以說沒有什麼是健康，也沒有一個人可以做正義戰士的盟友援助他們，使他們免於毀滅。

極少數的真哲學家就像落入野獸群，既不願意參與作惡，又不能單槍匹馬地對抗野獸，只好在能夠對城邦或朋友有所幫助前，就對己、對人都無貢獻地早死了。基於這些緣故，哲學家都保持沉默，只關注自己的事情。他們就像在暴風捲起塵土或雨雪時避於一堵牆下的人，看別人幹盡不法之事，但只求自己能終身不沾上不正義和罪惡，最後懷著善良的願望和美好的期待逝世，就心滿意足了。

現行的政治制度之所以可恨，正是其中沒有一種適合哲學本性，哲學的本性正由於這個緣故而墮落變質。正如種子被播種在異鄉土地，結果是被當地水土克制而失去本性，哲學的生長也如此，在不合適的制度下保不住自己的本性，而敗壞變質。哲學如果能找到如本身一樣最善的政治制度，那時就可以看得很明白，哲學確實是神物，而其他的一切，無論天賦還是學習和工作，都不過是人事。

四種政體

柏拉圖區分四種政治體制，第一種稱為斯巴達和克里特政體，受到廣泛讚揚；第二種稱為寡頭政治，是少數人的統治，有很多害處；第三種稱為民主政治，是接著寡頭政治後所產生，與之相反；最後一種，乃是與前述三種不同的僭主政治，是城邦最後的禍害。

不要以為政治制度是從木頭或石頭產生，它是從城邦公民的習慣產生；習慣的傾向決定一切方向。政治制度的變動全由領導階層的不和而起。如果他們團結一致，哪怕只有很少部分一致，政治制度也不可能變動。

統治者內部兩種集團將選擇兩個不同方向：銅鐵集團趨向私利，兼併土地房屋、聚斂金銀財寶；金銀集團自身心靈擁有真正的財富，所以趨向美德和傳統秩序。他們相互鬥爭，取得某種妥協，於是分配土地、房屋，據為私有，把原先的朋友和供養人變成邊民和奴隸。護衛者本來是為了保衛後一類人的自由而誕生，他們終身專門從事戰爭與捍衛後一類人，現在卻變成奴役和壓迫後者的人。

斯巴達政體的優越性

保障任何國家的永久福利，就需要從幾個方面來劃分最高權力。柏拉圖說：「如果無視恰當的比例而對任何事物過多地賦予，例如把過多的風帆給予一艘船，把過多的營養給予一個身體，把過多的權威給予一個靈魂，結果必然翻船、肥胖和靈魂的專橫乃至犯罪。」

關於斯巴達政體，《法律篇》說：「必須有神用祂對未來的預見支配你們，要你們同時設立兩位國王而非一位，從而使他們的權力擁有更合乎比例的限度。甚至在那以後，有某人的理智在神的助佑下，注意到你們的統治者仍會有狂熱之舉，就設法限制王族專橫，讓三十八位長老在處理政務時發出與國王同等的聲音。第三位神啟者注意到你們的政體仍充滿陽剛之氣，因此引入禮儀官的職位，由抽籤決定人選，做為一種約束。」斯巴達政體符合柏拉圖設想的穩定樣貌，是個混合政體。

立法原則

柏拉圖認為，使所有成員幸福快樂地生活，以正確的方式賦予他們光榮與恥辱，顯然是社會義不容辭的職責。正確的方式就是把靈魂之善放在首要的、最榮耀的位置——而靈魂的節制總被假定為必不可少的——把身體的利益和善放在第二位，把城邦之善，我們稱為財富，放在第三位。任何立法者若是把財富放在最榮耀的位置，或者把較高類別的事物放在較低的位置，因此違反這些限度，這種行為一定是對宗教和政治的冒犯。

波斯人衰敗的原因

透過對波斯人的共同體考察，柏拉圖發現他們還在不斷退化。波斯人當前統治的病根在於過分的服從性與過分的王權。原因在於普通民眾的自由太少，君主的權力太大，從而使他們的民族情感和公共精神終結。由於它們消失，權貴們關心的不再是臣民的共同利益，而是自身的地位。只要認為對自己有一點好處，就會把國家的城市和民眾投入烈火，使之灰飛煙滅，於是人們野蠻地相互仇視，深懷敵意。另一方面，當需要民眾組成軍隊保護自己時，在民眾中找不到忠誠者，沒有人願意在戰場上為他們冒險，他們的士兵成千上萬，但實際上人數再多也發揮不了作用。因此招募雇傭兵和外國人打仗，指望他們來救命，就好像自己沒有軍隊似的。

在波斯，沒有一個人被教育如何發號施令；在雅典，沒有一個人學會如何服從。對想要成為立法者的人來說，歷史的教訓是每個健全政府必須依據「統治權的劃分」，把「平民」的成分和「某種個人權威」結合，或者如柏拉圖所說，必須把「君主政體」與「自由」聯結。某個地方必須有權威的席位，但權威不應該墮落成專制；必須有個人的自由，但又不是無政府的自由。

榮譽政體

與柏拉圖心中理想的斯巴達政治相對應、稍微遜色的政體被稱為「榮譽政體」，掌握國家權力的不是真正的智者，而是單純且勇敢的人。他們是一些不適於和平年代而更適於戰爭時代的人，崇尚戰略、戰術，大部分時間在參與戰爭。這種統治者愛好財富，和寡頭制度下的統治者相像。他們內心貪得無厭，有收藏金銀的密室，住宅四面有圍牆；有真正的私室，供他們揮霍財富、取悅婦女和寵幸其他人。一方面愛錢，一方面不被許可公開撈錢，所以花錢很吝嗇，但很樂於花別人的錢，以滿足自己的欲望。

這種人年輕時未必嗜財如命，但隨著年齡增長，就會愈來愈愛財。因為隨著年齡增長，他們的天性開始生出愛財之心，由於失去最善的保障，向善之心就不純了。他們愛掌權、愛榮譽，但不是想靠能說會道和諸如此類的長處，而是想靠戰功和自己的軍人素質達到這個目標。

寡頭政治

寡頭政治是根據財產決定統治權的制度，政治權力在富人手裡，不在窮人手裡。私人手裡的財產能破壞榮譽政體。這些人想方設法揮霍浪費，違法亂紀，無惡不作。男人如此，女人們也跟著效尤。一個國家裡尊重錢財，尊重有錢財的人，善德與善人便不受尊重了。

終於，好勝、愛榮譽的人變成愛錢財的人。他們歌頌富人，讓富人掌權，鄙視窮人。這時他們通過一項法律來確定寡頭政治的標準，規定一個最低限度的財產數目。寡頭制程度愈高的地方，數目愈大。法律宣布，凡財產總數達不到規定標準的人，都不得當選。而這項法律的通過是用武力實現，或者用恐嚇的方式建立自己的政府後實現。

這樣的城邦必然不是一個而是兩個，一個是富人的國家，一個是窮人的國家，住在一個城裡，總在謀劃如何對付對方。這種制度下很可能無法進行戰爭，這是它的另一個毛病。它的少數統治者要打仗，非武裝人民群眾不可，但他們害怕人民甚於害怕敵人。如果不武裝人民群眾，而是親自作戰，他們會發現自己的確是孤家寡人，統轄的人真是少得可憐。此外，他們不但貪財，還很吝嗇。

寡頭政治向民主政治的過渡

統治者既然知道政治地位是靠財富得來，就不願意用法律來禁止年輕人中出現揮霍浪費祖產的現象；他們借錢給這些浪蕩子，要他們用財產抵押，或者收買他們的產業，使自己變得愈來愈富有，影響力和聲譽也更加壯大。

一方面絲毫不自制，一方面崇拜金錢，鋪張浪費，寡頭社會裡這種鼓勵懶散和放蕩的結果，往往不斷地把一些世家子弟變成為無產貧民。有些負債累累，有些失去公民資格，有些兩者兼有，他們武裝起來，像帶刺的雄蜂，與吞併他們產業的貴族及其他富貴者住在同一個城裡，彼此互相仇恨、妒忌，急切地希望革命。

專講賺錢的人終日孜孜為利，對窮漢視若無睹，只顧把自己金錢的毒餌繼續拋出去，尋找受騙的對象，放高利貸，彷彿父母生育子女，使城邦裡的雄蜂和乞丐像繁殖一般，日益增多。寡頭制的國家裡，統治者使人民處於水深火熱之中，自己養尊處優。他們的後輩變得嬌慣放縱，四體不勤，無所用心，苦樂兩方面都經不起考驗，成為十足的懶漢。

統治者和被統治者平時關係尚且如此，一旦走在一起，或一起參加宗教慶典，或在同一戰場對敵廝殺，彼此觀察，窮人就一點都不會被富人瞧不起了。相反的，會出現一種情況，戰場上一個瘦且結實、晒得黝黑的窮人站在養得白白胖胖的富人旁，看到後者氣喘吁吁、一副無可奈何的樣子，這時窮人會想，正是由於窮人膽小，有錢人才保住自己的財富。

就像一個不健康的身體，只要遇到一點外邪就會生病，有時甚至沒有外邪也會病倒，國家同是如此，只要稍有機會，一個政黨從寡頭國家引進盟友，另一政黨從民主國家引進盟友，國家就病了，內戰就此爆發。有時沒有外人插手，黨爭也會發生。

如果貧民獲勝，把一些敵黨處死，一些流放國外，其餘的公民都有同等公民權及做官機會——官職通常抽籤決定，一個民主制度就這樣產生了。

民主政治

寡頭政治認為的善和賴以建立的基礎是財富，失敗的原因在於過分貪求財富，為了賺錢發財，不管其他一切。民主國家最大優點在於自由，因此富於自由精神的人們最喜歡採取民主政治的城邦安家落戶。

民主政治下，每個人都有一套過日子的計畫，愛怎麼過就怎麼過。如果有人告訴他，有些快樂來自高貴的好欲望，應該得到鼓勵與滿足，有些快樂來自下賤的壞欲望，應該加以控制與壓抑，對此他會置若罔聞，不願把堡壘大門向真理打開。他會一面搖頭一面說，所有快樂一律平等，應當受到同等尊重。

事實上，他整日沉迷於各式各樣的快樂之中。今天飲酒、玩弄女人、歌唱，明天喝清水，嚴格按照規定飲食；前一天熱衷劇烈鍛鍊，第二天遊手好閒，不務正業；然後一段時間裡，又開始研究哲學。

他的生活沒有秩序，沒有節制。自以為生活方式是快樂、自由、幸福的，並且要堅持到底。這種人是集各種習性於一身的多元化之人，與那種民主制城邦所具有的多面性、複雜性一樣。

這是政治制度中最美的一面，各式各樣的人，有如錦繡衣裳，五彩繽紛，看上去確實很美。而一般群眾因為這個緣故而斷定它最美，就像女人、小孩只要一見色彩鮮豔的東西就覺得美一樣。

在這種國家，如果你有資格掌權，可以完全不去掌權；如果你不願意服從命令，可以完全不服從，沒有什麼能勉強你。別人在作戰，你可以不上戰場；別人要和平，如果不喜歡，你可以要求戰爭；如果有什麼法令阻止你得到行政或審判的職位，只要機緣湊巧，你一樣可以得到。

民主制度以輕薄浮躁的態度踐踏這些理想，完全不問一個人原來做什麼，品行如何，只要他轉身從政時聲稱對人民一片好心，就能得到尊敬和榮譽。這是一種眾人樂意接受的無政府狀態的花哨管理形式。這種制度下，平等被不加區別地給予所有人，不管他們是否平等。

從極端自由到極端奴役

僭主政治或許只能從民主政治發展而來，柏拉圖認為極端、可怕的奴役產生於極端的自由。民主國家有三類人，第一類是「雄蜂」，有一班懶惰而揮霍之徒，其中強悍者為首，較弱者附從。柏拉圖把他們比作雄蜂，把為首的比作有刺的雄蜂，把附從的比作無刺的雄蜂。寡頭社會裡，這部分人是被藐視、不掌權的，因此缺少鍛鍊，缺少力量。民主社會裡，這部分人處於主宰地位，很少例外。其中最強悍的部分，演說、辦事的都是他們。其餘的坐在講壇後面，熙熙攘攘、嘁嘁喳喳地搶著講話，不讓人開口。因此在民主國家，一切（除了少數例外）都掌握在他們手裡。

第二類是追求財富的人，其中天性最有秩序、最為節儉的人，大多成為最大的富翁。他們那裡是供應雄蜂蜜汁最豐富、最方便的地方，窮人身上榨不出油水。所謂富人，乃雄蜂之供養者。

第三類是平民，他們自食其力，不參加政治活動，沒有多少財產，在民主社會中占大多數。要是將他們集合起來，力量最大。他們的首領劫掠富人，最大的一份據為己有，殘羹剩飯分給一般平民。

被利益損害的人，不得不在大會上講話或採取其他可能的行動來保衛自己的利益。於是他們受到反對派的控告，被誣以反對平民，被說成是寡頭派，雖然事實上他們根本沒有任何變革的意圖。

然後，終於看見平民試圖傷害他們（並非有意，而是由於誤會，聽信壞頭目散布惡意中傷的謠言），於是他們只好真的變成寡頭派（也並非自願，而是被雄蜂刺螫過的結果）。

接著便是兩派互相檢舉，告上法庭，互相審判。這種鬥爭中，平民總要推出一個人帶頭，做他們的保護人，同時培植他，提高他的威望，僭主政治只能從「保護」這個根上產生。一個人哪怕嘗了一小塊混合在其他祭品中的人肉，便不可避免地變成狼。人民領袖的所作所為，亦是如此。他控制著輕信的民眾，不可抑制地要使人流血；他誣告別人，使人在法庭受審，謀害人命，罪惡地舔嘗同胞的血液；或將人流放域外，或判人死刑；或取消債款，或分人土地。最後，這種人或被敵人殺掉，或由人變成豺狼，成為僭主，這就是領導一個派別反對富人的領袖人物。

僭主在這個階段，只要提出要人民同意他建立警衛隊，保衛自己這個人民保衛者的要求，人民就會答應他，毫無戒心，只為他的安全擔心。這個人在早期對任何人都滿面堆笑，逢人問好，不以君主自居，於公於私都有求必應，豁免窮人的債務，分配土地給平民和自己的隨從，到處給人和藹可親的印象。

當他已經和被流放國外的政敵達成為某種諒解，而一些不妥協的政敵已經被他消滅時，便不再有內顧之憂。這時他總是率先挑起戰爭，好讓人民需要領袖。而且，人民既因負擔軍費而貧困，整日為謀生而東奔西走，不太可能有功夫造反。

如果他懷疑有人思想自由，不願服從他的統治，便會尋找藉口把他們送到敵人手裡，借刀殺人。過去幫他取得權力，現在正和他共掌大權的人當中，有一些人不贊成這些做法，因而公開對他提意見，並相互議論，而這種人碰巧還是最勇敢的人。

做為僭主要保持統治權力，必須清除所有這種人，不管他們是否有用，不管是敵是友，一個不留。

他必須目光敏銳，能看出誰最勇敢，誰最有氣量，誰最為智慧，誰最富有；為了自己的好運，不管主觀願望如何，都必須和他們為敵到底，直到剷除乾淨為止。只是這種清除和醫生對人體進行的清洗相反，醫生清除最壞的，保留最好的，而僭主做出的去留決定正好相反。

他或者是死，或者和那些夥伴（大多是沒有價值的人，全都是憎恨他的人）生活在一起，必須在兩者之間做有利的抉擇。他的所作所為愈不得人心，就愈要不斷擴充衛隊，愈要把衛隊做為絕對可靠的工具。

僭主敢於採取暴力對付他的父親——人民，他們如果不讓步，就要打他們，這時人民很快就看清他們養育了一隻什麼樣的野獸。他已經足夠強大，沒有辦法把他趕出去。人民發現自己像俗話說的那樣，跳出油鍋又入火坑；不受自由人奴役，反受奴隸奴役；本想爭取完全的自由，不料落入最嚴酷、最痛苦的奴役之中。

僭主政治

柏拉圖繼續論述。

當一個人或因天性，或因習慣，或二者兼有，已經變成醉漢、色鬼和瘋子時，就成為十足的僭主暴君。到告貸無門、抵押無物時，心靈中孵出的欲望之雛，必然會不斷發出嗷嗷待哺的強烈叫聲。他會做小偷、強盜、扒手，剝人衣服，搶劫神廟，拐騙兒童；如果生就一張油嘴，他們便流為告密人、偽證人或受賄者，乃至為了享樂而毆打父母。

僭主的天性是永遠體會不到自由和真正友誼的滋味，最惡的人讓我們一言以蔽之，他們是醒著時能夠做出睡夢中的那種事的人，恰好是一個天生的僭主取得絕對權力時所發生的事情。他掌握權力的時間愈長，暴君的性質愈強。美德方面，僭主專政的國家和我們最初描述的王政國家正好相反：一個最善，一個最惡。

沒有一個城邦比僭主統治的城邦更不幸，也沒有一個城邦比王者統治的城邦更幸福。就像僭主自身靈魂中最高貴的部分，處於屈辱和不幸的奴隸地位一樣，僭主統治的城邦，高貴、有氣節、優秀的人物被壓制、被奴役，而沒有原則、沒有底線的阿諛之徒卻炙手可熱。

真正的僭主實在是一種依賴、巴結惡棍維護權力的最卑劣奴隸，欲望永遠無法滿足。如果善於從整體上觀察他的心靈，透過眾多的欲望就可以看到他真正的貧窮。他一天到晚活得提心吊膽；如果國家狀況可以反映其統治者的境況，他就像他的國家一樣充滿動盪不安和苦痛。

雅典學園的第三任領袖

色諾克拉底

（Xenocrates，西元前396－314年）

剛毅木訥

色諾克拉底（Xenocrates）生活於西元前三九六年至前三一四年，是迦克墩人，很早就成為柏拉圖的學生，曾伴隨柏拉圖前往西西里。色諾克拉底生性遲鈍，柏拉圖拿他和亞里斯多德比較時說：「一個需要馬刺，另一個需要籠頭。」還說：「我訓練的學生一個如驢，一個如馬。」色諾克拉底一天到晚愁眉苦臉，柏拉圖曾開玩笑對他說：「你需要給美惠女神獻祭。」

雖然色諾克拉底理解新理念不夠快、反應不夠迅捷、行動舉止不夠優雅，但他工作勤奮、心地善良、道德高尚、公而忘私，這些品行實實在在地贏得雅典人的尊重。據說只要他去城裡，所經之地的嘈雜市民和雇工都會讓路給他。

斯珀西波斯是柏拉圖之後的第二任學園領袖，但他沒有出眾的才華，後來兩腿癱瘓，寫信邀請色諾克拉底主持學園。投票選舉的過程中，色諾克拉底勝過兩個競爭對手，於西元前三三九年成為學園的第三任領袖，主持時間長達二十五年。

坐懷不亂

有一次，妓女芙里尼（Phryne）想要誘惑他，裝成被人追趕的樣子，到他的小屋子避難。他出於好心收留，由於房裡只有一張床，允許她一起睡。最後，經過多次徒勞的胡攪蠻纏，她只得離去，還告訴向她打聽此事的人，她離開的簡直不是一個男人，而是一尊雕像。

不過，有些人卻說，是他的一些學生讓拉伊絲（曾與斯提爾波廝混的妓女）與他睡在一起。但他的克制力非常強，導致被割傷和灼傷過多次。他的信譽非常高，雖然在法庭上證人不起誓是不合法的，但雅典人允許他這樣做。

臨危受命

有一次，亞歷山大送給他一大筆錢，他只收下三千阿提卡德拉克馬，把其餘部分都退回去，還說亞歷山大更需要錢，因為他需要養活百姓。

還有一次，一隻麻雀在老鷹的追趕下撞進他的胸懷，他撫摸後放走，並聲稱不應當置懇求庇護者於不顧。

此外，他曾做為使節拜見斯巴達王安提帕特（Antipater），打算為在拉米亞戰爭中被俘的雅典戰俘辯護，安提帕特邀請他一起進餐，他對國王吟誦如下詩句：

噢，喀耳刻（Circe）！如果是個正直之人，

救出同伴並親自見到他們前，

怎麼會有心思品嘗酒肉呢？

喀耳刻是個海島上的女巫，曾在奧德修斯歸家的途中邀請船員吃飯，她卻在食物中放入藥物，使吃過的人變成豬。色諾克拉底此處引用的神話十分得體，安提帕特非常欣賞他的睿智，立刻釋放俘虜。

當時的希臘世界，斯巴達已經成為事實上的盟主，雅典反抗斯巴達的鬥爭失敗後，色諾克拉底臨危受命，去斯巴達進行談判，並成功達成和議。當時的雅典元帥是福基翁，他因此要將雅典的公民權賜予色諾克拉底，但他拒絕接受。因為和議的達成是以修改憲法為代價，修改後的憲法剝奪成千上萬雅典窮人的公民權。色諾克拉底說：「我不願意成為竭力要阻止卻未能阻止新憲法之下的公民。」

色諾克拉底生活在雅典，但沒有公民權，需要負擔沉重稅賦。他繳不起稅時，被罰

219 雅典學園的第三任領袖
色諾克拉底

為奴隸，是當時的一些演說家營救了他，把他買下來，並且釋放他。

練習沉默

小狄奧尼西奧斯曾威脅柏拉圖說：「你早晚會丟掉腦袋！」當時在場的色諾克拉底說：「只要我的腦袋尚在，那就絕無可能！」

有一次，安提帕特在雅典遇上色諾克拉底並向他行禮，但色諾克拉底沒有回禮，而是平靜地繼續演講，直到演講結束。

他沒有一點傲慢之心，每天都會多次獨自思考。據說，他每天都會留一小時給沉默。

他於八十二歲去世，死因是晚上跌倒在一些器皿之上。

★什麼都會的

亞里斯多德

（Aristotle，西元前384—322年）

逍遙派

亞里斯多德（Aristotle）生於西元前三八四年，是柏拉圖最正宗的門徒。十七歲起，他就被父親送到當時著名的柏拉圖學園學習，並在雅典學園待了近二十年，「亞里斯多德」在古希臘語中的原意是「最好的目的」。他口齒不太流利，據說腿腳乾瘦，眼睛細小，對衣著、指環和髮式等比較講究。

亞里斯多德思維敏捷，時常與老師柏拉圖辯難。例如柏拉圖認為靈魂可以與肉身分離，獨立存在，但他認為靈魂的屬性是生物的自然質料，無法分開。因此柏拉圖說：「亞里斯多德踢開我，就像驢子一腳踢開生養的母親。」但亞里斯多德的回答是：「我愛吾師，但我更愛真理。」

西元前三三五年，亞里斯多德在雅典創辦一所叫呂克昂的學校，名聲很快就超過柏拉圖的學園。在那裡，他和學生一邊漫步於走廊和花園，一邊討論哲學問題。正因如此，其學園的哲學流派被稱為「逍遙學派」（Peripatetic），即散步的學派。

帝王師

西元前三四三年，馬其頓國王腓力二世邀請亞里斯多德擔任兒子亞歷山大的家庭教師，亞里斯多德成為皇家學院的首領。其實，與亞歷山大同時受教的還有兩位未來的帝王，托勒密和卡山德（Cassander）。

亞里斯多德是種族中心主義者，毫不掩飾地支持亞歷山大去征服包括波斯在內的東方世界。還告訴亞歷山大：「要做希臘人的首領和蠻族的暴君，像照顧親朋好友一樣照顧希臘人，像對待禽獸和草木一樣對待蠻族人。」

但亞歷山大對待異族的態度很明顯與老師有別，只要異族認可亞歷山大為王，他們的職位仍可保留。另外，亞歷山大征服到哪裡，就把希臘文化帶到哪裡，他是文化傳播和交流的推手。

論美貌及其他

亞里斯多德說，美貌是比所有書信都更有用的推薦書。有人提問，為什麼我們願意花費很多時間和美貌之人在一起，他回答：「只有瞎子才會問這種問題！」他在《政治學》斷言，不同類型的身體同樣健全。拿鼻子來說，如果我們沒有特意區分，與最美的直鼻梁相比，向內彎曲的鼻子和鷹鉤鼻子同樣很漂亮。

他說，教育的根基苦澀，但果實香甜。有人問他受教育與不受教育有什麼區別，他說：「猶如活人和死人的區別。」對於學生怎樣才能取得進步的問題，他回答：「追趕在前面的人，絕不等落在後面的人。」他宣稱教育是幸福命運中的裝飾物，不幸命運中的避難所。教育孩子的教師比僅生育他們的父母更值得尊敬，因為後者只提供生命，前者則提供良善的生活。

有人譴責他給卑劣之人提供救濟，他說我救濟的是人，不是他的品行。

他經常強調，雅典人雖然發明小麥種植技術和法律，但他們只使用小麥種植技術，卻不使用法律。

人是政治動物

政治（politics）源自城邦（polis），亞里斯多德在《政治學》說：「我們確認自然生成的城邦先於個人，就因為個人只是城邦的組成部分，每個隔離的個人都不能自給自足地生活，必須共同集合於城邦這個整體之中才能滿足每個人的需要。凡隔離且生活在城邦之外的人——或是為世俗所鄙棄而無法獲得人類社會集體的便利，或因高傲自滿而鄙棄世俗集體的人——他如果不是一隻野獸，就是一位神祇。人類生來就有合群的性情，所以能不約而同地趨近於這樣高級的（政治）組合。」

荀子在〈王制〉篇說，人類「力不若牛，走不若馬，而牛馬為用，何也？曰：人能群，彼不能群也。人何以能群？曰：分。分何以能行？曰：義。故義以分則和，和則一，一則多力，多力則強，強則勝物，故宮室可得而居也」。

悲劇的淨化作用

柏拉圖對詩歌和藝術持敵對態度，千方百計把藝術從「理想國」中驅逐出去。他認為神話傳說中的神通常不道德，會敗壞青年；藝術是對現實的模仿，不具備真實性。至於悲劇更糟糕，因為「詩人想要滿足的正是世人的哀憐癖……我們如果拿旁人的災禍來滋養自己的哀憐癖，等到親臨災禍時，這種哀憐癖就無法控制」。

亞里斯多德的觀點與柏拉圖針鋒相對，他認為悲劇是「借引起憐憫與恐懼來使這種情感得到淨化」。首先，每一種藝術都有特定功能，特殊目的就對應特殊樂調。軍樂激昂慷慨，哀樂沉痛淒惻，而悲劇的功能在於激發憐憫與恐懼。其次，恐懼與憐憫是一種痛苦的情緒，不應該鬱積於胸，宣洩出來才有利於健康。

因此，亞里斯多德認為，悲劇不但不會養成哀憐癖，反而能夠淨化哀憐癖。藝術不但對人無害，反而於人有利。淨化的結果，當然是人的心理恢復常態。

四因說

任何事物都可以問四個問題，即：一、它是什麼？二、對這些問題的四種回答，代表亞里斯多德歸納的四種原因，雖然如今人們使用原因這個詞，主要是指先於一個結果的事件，但在亞里斯多德那裡，是指一種解釋。

以一尊雕塑為例，它的四個原因可能是：一、它是一座雕像；二、由大理石做成；三、由一個雕刻家製作；四、為了裝飾。人類技術製作出的事物和自然產生的事物，無不擁有四因。

自然界中，變化將涉及同樣的四個要素。亞里斯多德的「四因」因此就是：一、形式因，規定一個事物是什麼；二、質料因，一個事物是由什麼構成；三、動力因，一個事物是被什麼造成；四、目的因，為了達成什麼「目的」而構成。

人是會說話的動物

人是唯一具有語言的動物，聲音可以表達苦樂，其他動物也有聲音，動物的本性就是感覺和相互表達苦樂，而人類的語言則能表達利弊和諸如公正或不公正等內容；和其他動物相較，人的獨特之處就在於具有善與惡、公正與不公正等諸如此類的感覺；家庭和城邦乃是這類生物的結合體。

奴隸是有生命的工具

亞里斯多德探討過奴隸的意義。

如同具有明確適用範圍的技術，工人要完成工作，必須有自己的特殊工具，家庭管理亦是如此。工具有多種，有些有生命，有些無生命；航海中，船舵無生命，而瞭望者是活著的工具；在各種技術中，幫手只是工具，所以財產是維持生命的工具。家庭中，奴隸就是有生命的工具。

財富由這類大量工具組成；幫手就是使用工具的工具，如果所有工具都能夠完成自己的工作，服從並預見到他人的意志，就像代達洛斯（Daedalus）的雕像和赫菲斯托斯的三足寶座，如詩人所說的那樣，能自動參加眾神的集會；倘若織梭能自動織布，琴撥能自動撥弦，工匠就不需要幫手，主人就不需要奴隸。

城邦先於個人

從本節開始，如不加說明，均是介紹亞里斯多德的思考。

城邦雖然產生於個人和家庭之後，但本質上先於家庭和個人。因為整體必然優先於部分，如果整個身體被毀傷，腳或手就不復存在，脫離身體的手足和石製的手足無異。一切事物均從其功能與能力得名，事物一旦不再具有自身特有的性質，就不能說它仍然是同一事物，除非是同音異義的事物。

城邦做為自然的產物，並且先於個人，就在於當個人被隔離開時，他就不再自足，就像部分之於整體一樣。不能在社會中生存的東西或因為自足而不需要的東西，就不是城邦的一部分，要嘛是禽獸，要嘛是個神，人類天生就注入社會本能，最先締造城邦的乃是給人們最大恩澤的人。

為政的準繩是公正

人一旦趨於完善就是最優良的動物，而一旦脫離法律和公正就會墮落成最惡劣的動物，不公正被武裝起來就會造成更大的危險。人一出生便裝備有武器，就是智慧和德性，為達到最邪惡的目的便有可能使用。所以，一旦毫無德性，就會成為最邪惡殘暴的動物，就會充滿無盡的淫欲和貪婪。公正是為政的準繩，因為實施公正可以確定是非曲直，而這就是政治共同體秩序的基礎。

統治與服從關係無所不在

統治者和被統治者有多種，被統治者愈優秀，統治就愈優秀，如統治人就要比管理禽獸更高級，因為做事者愈優秀，所做之事便會很完美。在一部分人統治、一部分人被統治的地方，就存在這種規律。

一切形成組合體的事物和一切由部分構成的整體事物中，無論是連續還是分離，其間顯然都存在著統治元素和被統治元素的區別。這種特性源於整個自然，有生命的事物中都存在這種特性；甚至無生命的事物中也存在某種發揮主導作用的元素，例如一首樂曲。

很顯然，靈魂統治肉體，心靈和理智的因素統治情欲的部分，這是自然而有益的。相反的，靈魂與肉體、心靈與情欲之間若是平起平坐或低劣者居上，則是有害的。動物和人之間的關係亦是如此：在人的管理與馴養下，豢養的動物比野生動物更為溫順馴良，這樣便得以維持生存。此外，雄性更高貴，而雌性則低賤一些，一者統治，一者被統治，這一原則適用於所有人類。

天生適合做奴隸的人

凡自己缺乏理智，僅能感應別人理智的人，天生就是奴隸。而較低級的動物甚至不能理解別人的理性，只服從自己的本能。使用奴隸與使用家畜的確沒有太大區別，兩者都是用身體提供生活必需品。

相反的情況常常發生，有些奴隸具有自由人的靈魂，有些人則徒有自由人的身體。毋庸置疑，如果人們體形上的差別有如神像和人像那樣大，大家應當承認，低賤者應當成為高貴者的奴隸。如果能接受身體上的差別這一事實，同樣的差別存在於靈魂之中又有什麼不合理的呢？只不過身體的俊美可以為人所見，而靈魂的俊美無法被看見罷了。很顯然，有些人天生即是自由的，有些人天生就是奴隸，對於後者來說，被奴役不僅有益，而且公正。

奴隸制合法性的爭論

奴役這個詞有二重解讀，既有因法規，也有因自然而產生的奴役。法規乃是一種約定，根據這種法規，人們認為在戰爭中被奪取的東西應當為勝利者所有。但有許多法官譴責這種權利，彷彿譴責提出違憲要求的訴訟人，他們憎惡這種觀念，即如果一個人具有強權，並且更為橫蠻殘暴，另一個人便會成為他的奴隸和附庸。爭論的根源在於，一部分人把公正等同於善良意志，另一部分人則認為公正就是強權。

五種生活方式

動物世界中，有些群居，有些獨居，各以最適合攝食的方式生存，有些是肉食動物，有些是素食動物，有些是雜食動物，自然根據選擇食物的便利度來決定牠們的習性。然而，同樣的習性並非呈現出同一表現方式。所以，肉食動物或素食動物的生活方式，在同類之間各不相同。同理，人類的生活方式相互間也不一樣。

最懶惰的是牧民，他們過著遊手好閒的生活，從所馴養的動物得到生活資源，不必含辛茹苦。為了尋找牧場，他們的羊群不得不到處遊蕩，而他們不得不跟隨羊群，彷彿耕耘著一塊活動的農田。另一些人則以狩獵為生，其中有一些不同種類。例如有些人是強盜，有些人居住在湖泊旁，或沼澤、江河、大海之畔，他們在這些有魚的地方以捕魚為業，還有一些人則以捕鳥或野獸為生。而絕大多數人則是以耕作土地收穫果實來獲得生活資源。那些產品出於自身、食物不靠交換與零售貿易而獲取的人中，最普通維持生計的方式就是這些：畜牧、農耕、掠奪、捕魚與狩獵。

戰爭源於狩獵

植物的存在就是為了動物的降生，其他一些動物又是為了人類而生存，馴養動物是為了便於人類使用和為人們提供食品。野生動物，雖非全部，但絕大部分都成為人們的美食，為人們提供衣物和各類器具而存在。如若自然不造殘缺不全之物，不做徒勞無益之事，必然是為著人類而創造所有動物。

從某種觀點來說，戰爭技術乃是一門關於獲取的自然技術，狩獵也包括在內。可以說，戰爭技術是一門這樣的技術，即我們應當用來捕獲野獸，並捉拿那些天生就應當由他人管理而不願臣服的人，這樣的戰爭自然而公正。

美好生活所需的財產沒有限度，正如梭倫在詩句中所說：「誰都無法為人們的財富確立範圍。」這類真正的財富就供應一家人的良好生活而言，實際上不該無限度。家主和政治家應該各自熟悉獲得財產的這種自然技術，而我們也可由此認識到這種技術（如狩獵之於家庭，戰爭之於邦國）存在於現世的理由。

販賣商品不合乎自然

財物是同一財物，但應用的方式有別，其一就是按照每一種財物的本分正當地使用，另一則是不正當地使用。例如鞋子既可用來穿，也可用來交換物品，二者都是鞋的用途。從需要鞋的人那裡交換金錢或食物的人，的確是使用鞋子，但並非鞋固有的用途。因為鞋做出來並非為了交換，對其他所有物品同樣如此。所有物品都可以用來交換，最初是一種自然的交易方式，是由於人們所擁有的物品有些太少，有些又太多。

很顯然，零售貿易並非致富術的自然部分；如若是，人們在生活充裕時，就應當終止交換。對於第一共同體（即家庭）這種技術顯然無用，社會共同體形成後就變得有用。因為家庭成員起初共同擁有一切，分家後，各分支便分別有了許多物品，而且不同的分支又分有不同的物品，這樣便不得不用一些物品來交換所需物品，這種以物易物的交換至今在野蠻民族中仍然存在，他們除了相互交換生活必需品外，不交換任何別的東西。

貨幣的產生

當一國居民對另一國居民依賴性漸大，且當他們引進所需，輸出多餘之物時，人們必然開始使用錢幣。由於各種生活必需品難以攜帶，相互交往時便一致使用某種有用且易於達到生活目的的東西，例如鐵、銀和這類金屬。一開始這類東西的價值是透過度量大小、重量來判斷，但隨著時間流逝，人們在金屬打上印記以減少每次交易都必須稱量帶來的不便，同時又能很快算出價碼。

由於致富術起源於錢幣的使用，人們通常認為致富術主要作用於錢幣，使人們必須考慮如何用產生金錢的技術去聚斂錢幣。的確，有許多人認為財富不過是一定數量的錢幣，因為致富術和零售貿易與錢幣有著密切關係。另一些人則認為錢幣只不過是贗品，並非自然之物，只是約定俗成使然。一旦使用者用某種替代物替換，它就毫無價值，而且它不能做為生活必需品。的確，那些富有錢幣的人常有乏食之憂，這如何能算是財富呢？一個人擁有大量的財富卻因饑餓而死，就像寓言中的邁達斯（Midas）那樣，他貪婪的祈禱使面前的一切物品都變成黃金。

高利貸最不合乎自然

有兩種致富方法，一種為家務管理的一部分，另一種是零售貿易。前者是必須、體面的，由交換構成；後者則應受到指責，因為它是不自然的，而且採用的是一種從他人手中獲利的方式。

最為可惡的是高利貸，人們討厭極有道理，它是用金錢來牟取暴利，而不是透過金錢的自然目的來獲利。金錢本來是用來交換，而不是用來增加利息。「利息」意味著以錢生錢，可以被用來指錢的繁殖，因為子錢類似於母錢，這就是在所有致富的方式中，高利貸何以最違背自然的原因。

萬人敬拜的「洗腳盆」

大多數共和制城邦，市民們輪番為治，市民的本性上平等，沒有差異。然而，一旦有人統治，而另外的人被統治，人們便會竭力使外表、語言和受敬重的方式有所不同。

埃及人雅赫摩斯（Amasis）出身庶民，後來被立為王。他有一個金質的洗腳盆，後來被熔鑄為一尊神像，埃及人對其虔誠膜拜，相當於「洗腳盆」受到萬人敬仰。雅赫摩斯有感於此，喟然嘆息說：「朕本賤器，一旦登王位而成偶像，遂受萬民崇拜。」

城邦追求整齊劃一就是追求毀滅

蘇格拉底推論的前提，即整個城邦愈一致愈好。但一個城邦一旦完全達到這種程度的整齊劃一，便不再是一個城邦，這是很顯然的。城邦的本性就是多樣化，若以傾向於整齊劃一為度，家庭將變得比城邦更加一致，而個人又要變得比家庭更加一致。因為做為「一」來說，家庭比城邦為甚，個人比家庭為甚。即使我們能夠達到這種一致性，也不應該這麼做，因為這正是使城邦毀滅的原因。

其次，城邦不僅是由多個人組合而成，而且是由不同種類的人組合而成，種類相同就不可能產生一個城邦。城邦與軍事聯盟不同，軍事聯盟的作用在於數量，而不論它在屬類上有什麼不同，他們的目的就是相互保護，就像天平一樣，哪邊的分量重，就會壓向哪邊。

公產制不可行

一件事物為愈多人共有，人們對它的關心愈少。任何人主要考慮的是自己，對公共利益幾乎很少顧及，如果顧及僅是在與個人利益相關時。除了其他一些考慮外，人們一旦期望某事情由他人經手，他便會更多地傾向於忽視這一事情。正如家庭中的情況一樣，侍從成群常不如少數奴僕服務更得力。

再者，人們一旦感覺某一事物為自己所有，就會得到無窮的快樂，因為自愛出自天性，而非一種徒勞地強加在人們身上的情感，儘管自私應當受到責難。但自私並非真正的自愛，而是一種過度的情感，就像守財奴對金錢的喜愛。所有人，或者說幾乎所有人，都喜愛金錢和其他這類東西。而且，為朋友、賓客或同伴效力和做好事，會令人感到莫大的喜悅，而這只有在財產私有時才會如此，城邦的過度一致會失去這些優勢。

此外，兩種德性在這樣的城邦中顯然會消失，其一是克制對婦女的情欲，因克制而回避他人之妻乃是一種受人尊敬的行為；其二是在財產方面的慷慨德性。一旦人們共同擁有一切財富，就不會再樹立起慷慨的榜樣或做出慷慨的行為，因為慷慨就是利用財產去做事。

經常聽到有人譴責現在城邦中所存在的罪惡，如違反契約的訴訟、作偽證的罪行和向富人諂媚等惡行，據說這些都是由財產私有引起。然而，這些惡行不是因缺乏公產制度，而是由於邪惡。那些財產尚未區分且參加共同管理的人比執管私產的人之間的糾紛，實際上只會更多——但當今絕大多數人都生活在私產制度之中，在公產中生活的人為數很少，於是我們少見那一部分的罪惡，就將罪惡完全歸於私產制度。

共妻制不可行

如果每個市民都有上千個兒子，而且沒有誰是個人的兒子，任何人都同等地是任何人的兒子，所有人都會同樣得不到關心。同一個孩子將是我的兒子，是某某人的兒子，是成千個人的兒子，或者是全體市民的兒子，甚至他對此也不能肯定。二千人或一萬人各在二千分之一或萬分之一的意義上，說這個孩子是「我的」，或者依照現在各城邦的習慣各稱自己的孩子為「我的」，這兩種制度究竟何者為佳呢？人們寧願是某一個人的嫡堂兄弟，而不樂於成為（柏拉圖式）那樣的兒子。

而且沒有什麼東西能阻止兄弟子女和父母之間相互認識，子女天生和父母相像，必然能夠找到彼此間存在關係的跡象。有些地理學家認為這是事實：他們說，上利比亞的某部，女人為公共所有，然而，人們還是按照容貌相似與否，為孩子指認父親。

事實上，婦孺共用還有一個弊端，就是忽略嬰兒成長中「親子關係」的重要性，對於形成健康的心理和人格來說，「親子關係」具有不可逆轉、不可替代的作用，柏拉圖的考慮顯然缺少這種心理學的基本常識。

均產制不可行

平均資產的地方，財產數目要嘛過大，要嘛太小，所有資產者要嘛生活奢侈，要嘛生活貧困。所以，立法者顯然不僅應以平均資產為目標，還應令其資產數額適中。即使規定所有人都均等地享有這一適中的數額，也不能達到這一目的；需要平均的並非財富，而是人類的欲望，如果法律不對人們提供足夠的教育，這是根本不可能的。城邦中不僅應實行財產均等，還應當實現教育均等。

如果這種教育容易讓人們變得貪婪，或者野心勃勃，或二者兼而有之，那麼即使人們受到的是相同教育，也並無任何好處。市民爭端的產生，不僅與財產不均有關，而且與榮譽的不均有關，雖然這些爭端來自相反的途徑。大眾爭吵的是財產不均，而更高層人士所憎惡的則是榮譽的平等，正如詩人所說：「賢愚共用榮譽。」

三類犯罪及對策

有些犯罪是生活所迫，或透過平均財產來尋求對策，以便阻止人們因饑寒交迫而為盜。但財產缺乏不是犯罪的唯一原因，如人們在溫飽之餘，或為情欲所困擾，就尋歡作樂以自解煩惱，便觸犯刑法。不僅會為了解除情欲的煩惱而入於刑網，那些情欲可得滿足、名利順遂的人，還是有漫無涯際的欲望，去追求無窮的權威，於是終究由於肆意縱樂而犯罪。

有什麼方法能消除這種混亂失調呢？第一，使財產和所有物適中；第二，培養節制的習慣；第三，世間歡娛無不依賴於他人，唯有哲學的沉思能夠讓人自足於己、與世無爭。事實上，最大的犯罪並非由生活困頓引起，而是由於過度。人們不會為了不受寒冷之苦而做僭主，所以偉大的榮耀不會加於捕獲竊賊的人，而會授予殺死僭主的勇士。

財產vs.身分

寡頭派的偏見在「資產」，他們認為優於資產者就一切都應優先；平民派的偏見在「自由身分」，他們認為一事相等則萬事相等。

如果財產是人們結合成共同體的目的，理應按財產的狀況在共同體中享有相應的地位。寡頭政體擁護者的主張似乎是有力的。要是出一元的人與出剩下的九十九元的人，平均享有一百元，事情就無公正可言。

但一個城邦共同體不能僅以生存為目的，更應謀求優良的生活。城邦共同體不是為了聯合抵禦一切不公正的行為，也不是為了彼此間的貿易往來有利於城邦的經濟而建立，不然所有彼此間訂有商貿條約的城邦公民，都算屬於同一城邦了。

凡定有良法而有志於實行善政的城邦，就必須操心全邦人民生活中的一切善德和惡行。不為徒有虛名，而是真正無愧為一「城邦」者，必須以促進善德為目的。不然一個政治團體就無異於軍事同盟，其間唯一的差別只在空間上，「城邦」內的居民住在同一空間，而「同盟」內的人民則居住在互相隔離的兩個地區。

城邦的目的是優良生活

一個城邦不是指空間上的共同體，不單為了防止不公正的侵害行為或保證雙方的貿易往來；不過只要城邦存在，必然離不開這些方面，但即使具備全部條件，也不能說立刻就構成一個城邦。

城邦是若干家庭和種族結合成的保障優良生活的共同體，以完美的、自足的生活為目標。毋庸置疑，倘若人們不居住在同一個地方並相互通婚，就無法形成一個城邦共同體。因而在各城邦中都有婚姻結合、宗族關係、公共祭祀和各種消遣活動，它們是共同生活的表徵。這些都是友愛的結果，因為友愛是人們選擇共同生活的初衷。城邦的目的是建立更優良的生活，而人們做這些事情都是為了這一目的。

人治vs.法治

認為君主制較為有利的人覺得法律只是一些普遍的規定，對於諸般物象往往不切實際，因而墨守成規在任何技藝中都屬於愚昧。在埃及，醫師按成規開處方的第四天就可以酌情改變，如果早於這個時間就要冒一定的風險。根據同樣的理由，顯然可見墨守成規的政體不會是最優良的政體。

不過，統治者總要遵循一些普遍的規則，而且不受激情支配的統治者總體說來比易於感情用事的統治者強。而法律絕不會聽任激情支配，但一切人的靈魂或心靈難免受到激情影響。

此外，多數事物較於少數事物更加不易腐敗，恰如大量的水比少量的水更加不易腐壞。單單一個人必定容易被憤怒或其他這類激情左右，以致破壞自己的判斷力。但很難設想，所有的人會在同一時間發怒且犯錯。那麼，是一個人做統治者不易腐敗，還是由人數眾多的善良公民集體來做統治者更加不易腐敗？答案顯而易見。

有人會說，人一多就可能分成各種黨派，而一個人就不可能有黨派之爭。對此大致可以這樣答覆：假設這些人的靈魂或心靈和單獨的人一樣賢明，如果把由眾多善良的公民組成的集體來統治的政體確定為貴族政體，把由單獨一人統治的政體確定為君主政體或王政，對各城邦來說，貴族政體就比君主政體更為可取。

即使有人堅信王政對各城邦是最優良的治理方式，王室的子嗣應處在什麼位置呢？王位是不是該由王族後裔來繼承呢？可是倘若他們正好才德平平，就會危及城邦社稷。

崇尚法治的人可以說是唯獨崇尚神和理智的統治者，而崇尚人治的人則在政治中摻入幾分獸性；欲望就帶有獸性，而生命激情自會扭曲統治者，甚至包括最優秀之人的心靈，法律即是摒絕欲望的理智。

要使事物合乎公平正義，必須有毫無偏私的權衡，法律恰好是中道的權衡。

一人之治還有一個困難，他實際上不能獨理萬機，還得任命若干官員，幫助處理各項政務。然而，與其由這個人挑選、任命共治的官員，為什麼不在當初就把這些官員和這個君王一起安排好呢？

法律確實不能完備無遺，不能寫定一切細節，這些可留待人們審議。主張法治的人不想抹殺人們的智力，他們認為這種審議與其寄託一人，毋寧交給眾人。說用雙目看、用雙耳聽、用雙手和雙足行動的一個人，竟然優於擁有眾多的耳目和手足的眾人，未免太過荒唐。事實上，今天的統治者們想方設法使自己擁有眾多的耳目和手足，他們讓自己的親朋好友或擁護其統治的人與其共治邦國。

批判柏拉圖「善」的理念

如果關於人的定義既適用於「人自身」，又適用於一個具體的人，「某物自身」是否真有什麼含義就很可疑。因為，就「人自身」和一個具體的人都做為一個人而言，沒有什麼區別。若這樣，「善自身」與具體的善事物，都是善的而言，也沒有什麼區別。「善自身」不因其永恆就更善，長時間的白不比一天的白更白。

就算有某種善是述說著所有良善事物，或者是一種分離的絕對存在，顯然是人無法實行和獲得的善，而我們現在研究的是人可以實行和獲得的善。總而言之，對一個吹笛手、木匠或任何匠師，就是對任何一個有某種活動或實踐的人來說，他們的善或出色就在於那種活動的完善。同樣的，如果人有一種活動，他的善就在於這種活動的完善。人的善就是靈魂合乎德性的實現活動，如果有不只一種德性，就是合乎那種最好、最完善的德性的實現活動。不過，還要加上「在一生中」這個限定語。一隻燕子或一個好天氣造不成春天，一天或短時間的善也不能使一個人享得福祉。

德性是對自身的報償

合於德性的活動就包含德性，一種東西可能擁有而不產生任何結果，就如一個人睡著或因為其他某種原因而不去運用他的能力一樣。因此，奧林匹克運動會上，桂冠不是給予最漂亮、最強壯的人，而是給予那些參加競技的人。同樣的，生命中獲得高尚與善的是那些做得好的人。而且，他們的生命自身就令人愉悅，因為快樂是靈魂的習慣。當一個人喜歡某事物時，事物就會給予他快樂。例如一匹馬給愛馬者快樂，一齣戲劇給予愛劇者快樂。同樣的，公正的行為給予愛公正者快樂，合德性的行為給予愛德性者快樂。

不以高尚（高貴）的行為為快樂的人就不是好人，一個人若不喜歡公正地做事情，就沒有人稱他是公正的人；一個人若不喜歡慷慨的事情，就沒有人稱他慷慨，其他德性亦可類推。若這樣，合乎德性的活動自身就必定令人愉悅。

習慣最重要

德性在我們身上的養成既不是出於自然，也不反於自然。

首先，自然賦予我們接受德性的能力，而這種能力透過習慣而完善。其次，自然饋贈的所有能力，都是先以潛能形式為我們所獲得、了解，然後才表現在我們的活動中。感覺就是這樣，不是透過反覆看、反覆聽而獲得視覺和聽覺。相反的，是先有感覺，而後才用感覺，而不是先用感覺，而後才有感覺。但德性不同：我們先運用它們，而後才獲得它們。就像技藝，透過造房子而成為建築師，透過彈奏豎琴而成為豎琴手。同樣的，透過做公正的事，成為公正的人，透過節制成為節制的人，透過做事勇敢成為勇敢的人。這點為城邦的經驗所見證，立法者透過塑造公民的習慣而使他們變好，這是所有立法者心中的目標。

第三，德性因何原因和手段養成，也因何原因和手段毀喪。正如技藝一樣，好琴師與壞琴師都因操琴顯出優劣，建築師及其他匠人也是如此。優秀的建築師出於好的建造活動，蹩腳的建築師出於壞的建造活動。若非如此，就不需要有人教授這些技藝，每個人天生就是或好或壞的匠人。

簡言之，一個人的實現活動怎樣，他的品行就怎樣，所以，我們應當重視實現活動的性質。從小養成什麼樣的習慣絕不是小事，正好相反，它非常重要，甚至可以說最重要。

德性與苦樂相關

首先，快樂使我們去做卑賤的事，痛苦使我們逃避做高尚（高貴）的事。柏拉圖說，重要的是從小培養對該快樂的事物的快樂感情和對該痛苦的事物的痛苦感情，正確的教育就是這樣。

其次，如果德性和實踐、感情有關，而每種感情和實踐都伴隨著快樂與痛苦，有一點可以做為證明，即快樂和痛苦被當作懲罰的手段。因為懲罰是一種治療，而治療就要借助疾病的相反物來發揮作用。

戰勝快樂比赫拉克利特所說戰勝怒氣更難，而技藝與德性卻總是和比較難的事務聯繫在一起。因為事情愈難，成功愈卓越。由於這種原因，德性與政治學必然與快樂、痛苦相關。因此，對快樂與痛苦運用得好就使人成為好人，運用不好就使人成為壞人。

何謂選擇？

選擇顯然是出於意願，但兩者不等同，出於意願的意義更廣。首先，兒童和低等動物能夠出於意願行動，但不能夠選擇。其次，突發行為可以說是出於意願，但不能說是出於選擇。

選擇不同於欲望，首先，不像欲望和怒氣，為無邏各斯的動物所共有。其次，不能自制者的行為出於欲望，不是出於選擇。與此相反，自制者的行為出於選擇，而不是出於欲望。第三，欲望和選擇相反，欲望卻不與欲望相反。第四，欲望是針對令人愉悅或痛苦的事物，選擇則不是。

選擇不同於希望，首先，絕不是針對不可能的東西。如果有人說，他能對不可能的東西進行選擇，一定是在說傻話。希望則可以針對不可能的東西，例如不死。其次，希望可以針對自己力不及的東西，例如希望某個演員或運動員在競賽中獲勝，但沒有人能選擇這種事情。人們只選擇透過自己的活動可以得到的東西。第三，希望更多是針對目的，而選擇則更多是針對手段。

德性以「能夠」為基礎

德性在我們能力之內，惡也一樣。當我們在能力範圍內行動時，不行動也在能力範

選擇&欲望

圍內，反之亦然。如果做某件事是高尚（高貴）的，不去做是卑賤的，做或不做，關係到一個人是善還是惡，且都在我們的能力範圍內，那麼，可以說做一個好人還是壞人，就是在我們能力範圍內的事情。

如果不能把行為的動機說成在能力範圍外，就是在能力範圍內，就是出於意願，這點在私人的和立法者們的活動中都可以得到見證。沒有人會鼓勵我們做任何能力外、並非出於意願的事情。要說服我們不覺得熱、不覺得疼或不覺得餓，等於沒有用，我們還是同樣能感覺到它們。

一個人的品行決定於他怎樣運用能力。

反駁「無人自願作惡」

首先，說一個做事不公正或行為放蕩的人，不希望成為不公正的人或放蕩的人是不合邏輯的。如果一個人明知道，卻有著會使他變得不公正的行為，必須說他是主動選擇變得不公正。但這不意味著只要他希望，就能做出改變且變得公正，好比一個病人不可能希望病好就病好。當然，他可能是自願、生活不節制或不聽從醫生的話而得病。也許他曾經可以不得病，一旦丟掉機會就再也不能那樣。好比你把石頭扔出去就不能再收回來，但你能夠不扔出去，因為行為的始因在自身。同樣的，不公正的人或放縱的人一開始能夠不變成那樣，所以他們是主動變得不公正或放縱。但他們已經變得不公正或放縱後，就確定是不公正或放縱的。

不僅靈魂的惡，身體的惡有時出於主觀選擇，因而受到譴責。雖然沒有人會譴責一個人生得醜陋，但卻譴責一個人由於不當心或缺乏鍛鍊而造成醜陋，對於身體的孱弱和發展障礙也是這樣。沒有人會譴責一個生來失明或由於得病、意外而失明的人，相反的，我們憐憫他。但我們會譴責因不節制或放縱而失明的人。在身體的惡之中，受到譴責的是由自己的原因造成的惡，而不是我們不能對之負責任的那些惡。

勇敢與魯莽

如果一個人面對地震和海嘯都毫無懼色，我們會說他遲鈍或不正常，面對真正可怕的事物時，過度有信心的人是魯莽的。但魯莽的人常被看成自誇和只是裝作勇敢的人，大多數魯莽的人內心是怯懦的：他們在沒有危險的場合表現得信心十足，可是不能真正經受危險。魯莽的人在危險來到前衝在前面，當危險到來時卻退到後面；勇敢的人則在行動前平靜，行動時精神振奮。

怯懦的人同時表現得信心不足，不過他的品行主要表現在對出現痛苦的過度恐懼上。怯懦的人是那種事事都怕、沮喪的人。以死來逃避貧困、愛或其他任何痛苦的事物，不是一個勇敢的人，毋寧說是怯懦者的所為。因為面對困難時，逃避是更軟弱的行為。而這麼做不是這樣面對死是高尚（高貴）的，而是這樣可以不必面對可怕的事物。

敗家子好過吝嗇鬼

揮霍者還是比吝嗇的人好很多，他的毛病容易隨著年齡增長或生活貧困得到糾正。他能學會適度，既然他給予而不索取，就有慷慨的品行，儘管他在這兩方面都做得不適當和不正確。若他透過訓練或別的途徑學會做得適度，就會是一個慷慨的人，會把財物給予適當的人，且不索取不適當的財物，這就是我們認為這樣的人不是壞人的原因。給予上過度又什麼都不索取的人是愚笨的人，不是壞人或無恥的人，這種揮霍的人遠遠強過吝嗇鬼。

羞恥是不算德性的德性

羞恥不能算是一種德性，它似乎是一種感情而不是一種品行。一般被定義為對恥辱的恐懼，但實際上，類似於對危險的恐懼。人們在感到恥辱時臉紅，感到恐懼時臉色蒼白。這種感情不適合所有年紀的人，僅適合年輕人。我們認為，年輕人應當表現出羞恥的感情，因為他們聽憑感情左右而常犯錯，感到羞恥可以說明他們少犯錯。

羞恥是壞人的特點，是有能力做可恥事情的人所特有的。如果一個人做壞事後會感到羞恥，說明他有德性，這是荒唐的。因為，那個引起羞恥的行為必定是出於意願的行為，而有德性的人不會出於意願做壞事。

支持「作惡出於無知」

一個人在某種意義上可以說像睡著的人、瘋子或醉漢般既有知識，又沒有知識。那些受感情支配的人也是這樣，怒氣、欲望和其他感情可以使身體變形，甚至使人瘋狂。所以我們必定會說，不能自制者如果有知識，只是像睡著的人、瘋子或醉漢般地有知識。

能背誦知識的詞句不能說明具有知識，畢竟醉漢也可以吟詠恩培多克勒（Empedocles）的詩句。初學者可以把各種名言蒐集起來，卻一點都不懂。知識需要成為自身的一部分，這需要時間。所以，應當把不能自制者所說的話當作演員所背的臺詞來看待。

蘇格拉底努力說明的問題仍然是對的，因為一個人不能自制時，呈現給他的不是真實的知識，只是感覺的知識。

公正是一切德性的總括

公正最為完全，它是交往行為上的總體德性。它是完全的，具有公正德性的人不僅能對自身運用德性，還能對鄰人運用。許多人能對自己運用德性，但對鄰人的行為卻沒有運用德性。

有人說：「公職能表明一個人的品行。」擔任公職時，必定要和其他人打交道，必定要做共同體的一員。由於公正是與他人的德性相關的行為，才有人說唯有公正才是「對於他人的善」。

公正促進的是另一個人的利益，不論那個人是治理者還是合夥者。既然最壞的人是不僅自己的行為惡，而且對朋友的行為也惡的人，最好的人就是不僅自己的行為有德性，而且對他人的行為也有德性的人。對他人的行為有德性很難，所以守法的公正不是德性的一部分，而是德性的總體。相反的，既不是不公正，也不是惡的一部分，而是惡的總體。

不存在對自身的不公正

公正與不公正涉及的必定不只一人，假如一個人能對自己不公正，等於我們能同時在某物上拿掉並加上同一個東西，這是不可能的。假如一個人能對自己不公正，等於他願意受不公正的對待。一個人如果沒有做不公正的事，就沒有行不公正，而一個人不可能與妻子通姦，不可能搶劫自己的家舍，不可能偷竊自己的財產。

憤怒並非一無是處

與欲望的不能自制相比，怒氣的不能自制不那麼讓人憎惡。怒氣在某種程度上似乎聽從邏各斯，不過沒有聽對，就像急性子的僕人沒有聽完吩咐就急匆匆地跑出門，結果把事情做錯。又像一隻家犬，一聽到敲門聲就狂吠，不看清楚來的是敵是友。

怒氣也是這樣，由於本性熱烈而急躁，總是還沒有聽清命令，就衝上去報復。當邏各斯與表象告訴我們受到某種侮辱時，怒氣就像一邊在推理說應當和侮辱者戰鬥，一邊就爆發出來。與此對照，欲望則一聽到感覺說某事物令人愉悅，就立即去享受。所以說怒氣在某種意義上聽從邏各斯，欲望則不是，所以屈服於欲望比屈從於怒氣更恥辱。

一個人愈工於心計就愈不公正，而發怒的人都不是工於心計。怒氣也不是心計，而是清澈見底的。

自制不是固執

首先，自制的人不動搖是要抵抗感情與欲望的影響，有時其實願意聽勸說。固執的人不動搖則是抵抗邏各斯，因為他們有欲望，且常受快樂誘惑。

其次，固執的人分為固執己見、無知和粗俗三種。固執己見的人之所以固執是因為快樂與痛苦，如果他未被說服，就認為是勝利了，就感到高興；如果他被說服並改變想法——就像法令在公民大會上被改變，他就感到痛苦。所以，他們更像不能自制者，而不是像自制者。

友愛的重要性

友愛是生活最必需的東西之一。

即使享有所有其他的善，也沒有人願意過沒有朋友的生活。實際上，富人、治理者和有能力的人看起來最需要朋友。因為有好東西給朋友是最多見，也是最受稱讚的善舉，倘若沒有朋友可以給予，縱有財產又有何益處？

財產愈多，危險愈大。當人陷入貧困和不幸時，只有朋友才會出手相援。而且，青年人需要朋友說明少犯錯；老年人需要朋友關照生活和說明做他不能及的事情；中年人需要朋友說明他們行為高尚。因為「當兩人結伴時」，無論思考還是做事情都比一個人強。

友愛還是把城邦聯繫起來的紐帶，立法者重視友愛勝過公正。城邦的團結類似友愛，他們欲加強之；紛爭相當於敵人，他們欲消除之。若人們都是朋友，便不會需要公正；而若他們僅剩公正，就需要友愛。人們都認為，真正的公正就包含友善。友愛不僅必要，而且高尚。

施惠者更愛受惠者的原因

首先，施惠者處於債權人的地位。債務人希望債權人不存在，債權人則希望債務人存在。施惠者希望受惠者存在並從後者得到回報，受惠者則不關心回報施惠者這件事。這種觀點是從壞的一面看，但人基本上就是這樣。多數人都很健忘，總想多得好處而不是給別人好處。其次，匠人的情形恰巧是這樣。每個匠人都鍾愛他所創造的產品，而不是被產品（若它有生命）所愛。這在詩人身上最為明顯：他們過度鍾愛自己的作品，把它們當成孩子來愛，施惠者的情形差不多就是這樣。接受他的恩惠的人就是活動產品，所以他鍾愛受惠者，而受惠者卻不愛製作者。原因在於我們是透過實現活動（生活與實踐）而存在，產品在某種意義上就是在實現活動中的製作者自身。

最後，每個人都更珍惜經自己勞動而獲得的成果。例如，自己辛苦賺錢的人，比透過繼承遺產而得到一筆錢的人更加珍惜錢。接受似乎不包含辛苦，而給予卻要付出辛苦。正因這點，母親們更愛她們的孩子，因為生育的辛苦更大。

幸福與沉思同在

神被我們看成是幸福，但我們可以把哪種行為歸於祂們呢？公正的行為？可說眾神互相交易、借貸等豈不荒唐？慷慨的行為？對誰慷慨呢？而且，設想祂們真的有貨幣等東西就太可笑了。

祂們的節制行為是什麼樣呢？稱讚神沒有壞的欲望豈不是多此一舉？如果我們一條一條地看，就可以看到用哪一種行為來分析神都失之瑣細、不值一提。神的實現活動，最為優越的福祉就是沉思。

人與神的沉思最為近似的活動，就是最幸福的。低等動物不能享有幸福，因為牠們完全沒有這種實現活動。神的生活全部是幸福，人的生活因與神相似的部分實現活動而享有幸福。動物則完全不能有幸福，因為牠不能沉思，所以幸福與沉思同在。愈能沉思的存在就愈幸福，不是因偶性，而是因沉思本身的性質，沉思本身就是榮耀。

季蒂昂的芝諾

（Zeno of Citium，西元前334—262年）

一罐扁豆湯

芝諾在西元前三三四年生於賽普勒斯的季蒂昂，又高又瘦，皮膚黝黑，小腿粗壯，但身上肌肉鬆弛，體弱多病，有人說他長著歪脖子。

他從腓尼基運紫袍進行販賣，因為船隻在海上失事而虧本，於是他登岸去雅典，在一家書店坐下，那時剛好三十歲。當他讀到色諾芬的《回憶蘇格拉底》時，非常激動，詢問在哪裡可以找到蘇格拉底那樣的人。這時碰巧犬儒克拉特斯從那裡經過。書商說：「跟著這個人就行。」

從那天起，芝諾就成為克拉特斯的學生，他極其熱愛哲學，卻無法接受犬儒恬不知恥的生活方式。克拉特斯發現這一點，想讓他改掉這個毛病。於是給他一罐扁豆湯，讓他端著穿過市場。當他看見芝諾因害羞而將罐子遮掩起來時，就用棍子打碎罐子。扁豆湯順著芝諾的腿往下流，他倉皇而逃，克拉特斯說：「親愛的腓尼基人，你為何要逃呢？你並未遭遇任何可怕的事情。」

信言不美

芝諾喜歡安靜，一旦到了宴會或歌舞場所，總是趁大家不注意就溜走。出於同樣的原因，他不喜歡靠人太近，而是喜歡坐在座席末端，隨時準備脫身。事實上，他不願意和兩、三個以上的人待在一起。他偶爾會向旁觀者索要錢財，人們因為不願意付錢，就會離他遠一點。

芝諾不推崇修辭，他說盡力避免語法錯誤之人的華美辭藻，如同亞歷山大錢幣，雖然外表打造得如硬幣一樣美麗，但不因此就更好；而那些與之相反的言辭，則如同阿提卡德拉克馬錢幣，雖然製造粗糙，做工簡單，但往往比精雕細琢的錢幣更有價值。

學習不是挑刺

一個人說他在許多方面都不贊同安提西尼的觀點，於是芝諾向他舉出安提西尼關於索福克勒斯（Sophocles）的一些論說，並問那人，他是否認為其中還是有某些有價值的東西。那人回答不知道，芝諾就說：「你專挑並記住安提西尼所說的不好的東西，卻完全不管他所說的好的東西，對此你不感到羞愧嗎？」

傾聽的重要性

他對喋喋不休、滿口胡言的人說：「我們之所以有兩隻耳朵、一張嘴，是為了可以聽得多，說得少。」有一次，一個年輕人滔滔不絕，芝諾說：「你的耳朵已經掉下來變成舌頭了。」他認為，能夠很好地傾聽他人講話並從中受益的人，比凡事都靠自己去理解的人更優秀；後者只是動用理解力，前者不僅有理解力，還有行動力。

一次，他在宴會上始終沉默不語，有人責問他原因，他就讓責難他的人向國王報告，說宴會上有個保持沉默的人。他常引用一個故事，有人教學生吹笛子，當一位學生拚命想把笛子吹得很響時，那人賞了學生一巴掌，並說，吹得好不在於聲響大，但聲響大有賴於吹得好。

買詭辯

一位辯證法家向他展示被稱為「割草術」的七種論辯形式，他就問那人該為此付多少錢，那人告訴他要一百元，他付了兩百元，他是如此地熱愛知識！

拋棄門戶之見

有一次克拉特斯抓住他的斗篷，將他從斯提爾波那裡拽回來，他說：「克拉特斯啊，拽哲學家的方式是抓住耳朵，說服他，然後將他帶走。如果你強迫我，我的身體雖與你在一起，但我的心卻還在斯提爾波那裡。」

沒有門戶之見的芝諾，廣泛學習各派學說，成為後來在羅馬共和國長期占統治地位的「斯多葛學派」創始人。

芝諾之死

據說，芝諾死時七十二歲，他主持的學園長達半個世紀之久。他是這樣死的：他要離開學園時絆倒了，傷了一根腳趾，他一面用拳頭砸地面，一面引用「尼俄伯」的詩句：「我來了，我來了，你為什麼呼喚我？」然後就停止呼吸，死在那個地方。人們在他的墓碑上刻下詩文：

這裡躺著芝諾，季蒂昂的驕傲，他攀上奧林帕斯山的頂峰。從未被邪念移動的他，既沒有將松柏覆蓋的皮立翁山疊在奧薩山上，也沒有去仿效海克力士不朽的偉業，但他藉著美德、節制與謙遜，發現一條通往至高天國之路。

哲學像雞蛋

斯多葛學派將哲學比作動物：邏輯學猶如骨骼與肌腱，倫理學猶如身體的血肉，而自然哲學猶如靈魂。他們將哲學比作雞蛋：邏輯學是外殼，倫理學是中間的蛋白，而自然哲學是最裡面的蛋黃。他們將哲學比作豐產的土地：邏輯學是環繞四周的籬笆，倫理

269 季蒂昂的
芝諾

學是果實，而自然哲學是土壤或果樹。他們還將哲學比作一座城市，它被城牆很好地圍繞起來，並根據邏各斯加以治理。

快樂不是目標

一些人說，對動物而言，生活的首要目標是獲得快樂。斯多葛主義者說，快樂如果被感覺到，只是副產品，只有自然本身為動物找到適合生存的東西後，快樂才會隨後出現；與動物繁殖和植物繁茂的條件相比，快樂是事後的。

他們還說，當自然最初安排動物和植物沒有欲望和感知時，並未進行區分，一些發生在我們身上的東西也發生在植物身上。當欲望被添加到動物後，牠們就可以根據欲望去得到適合生存的東西，接受欲望的統治就是接受自然的統治。

當根據更為完滿的原則，理性被賦予理性動物後，所謂根據自然而生活就正當地變成根據理性而生活，因為理性成為欲望的匠師。

智者無情

他們說，智慧的人漠不動心，他們不會陷入激蕩的情緒；但「漠不動心」這個詞用在惡人身上，指的完全是另外一回事，即說他們冷酷無情。他們說，所有良善的人都是嚴厲的，他們既與快樂無染，也不容別人快樂。「嚴厲」這個詞用在另外的地方，例如酒不是拿來喝，而是當作療劑時，就被說成「嚴厲」。

智慧的人不矯揉造作，無論是聲音還是表情，都去掉所有偽裝。他們擺脫俗事糾纏，避免做任何違背義務的事情。他們飲酒，但從不喝醉。智慧的人不會陷入痛苦，因為痛苦乃靈魂的非理性收縮，智慧的人就像神！

★懷疑論鼻祖

庇羅

（Pyrrho，西元前360—270年）

漠不動心

古希臘懷疑主義以庇羅（Pyrrho）為標誌性人物，因此被後人稱作庇羅主義（Pyrrhonism）。庇羅辯才無礙，既能長篇演說，又能夠機智地應對任何詰問。伊比鳩魯（Epicurus）對庇羅十分敬重，始終關注他的情況。

第歐根尼．拉爾修記載：「他的生活方式與學說一致，從不逃避任何事物，不做任何預見，而是直面一切危險，無論是撞車、摔跤、被狗咬還是其他，總之，他從不讓感官武斷地斷定……他經常不聲不響地離開家庭，和萍水相逢的人結伴四處遊蕩。有一次阿那克薩哥拉（Anaxagoras）跌入泥坑，他徑直走過而沒有拉他一把。別人都譴責他，而阿那克薩哥拉卻讚賞他的冷漠和無動於衷。」

庇羅曾乘船出海，遇到風暴，和他同船的人都驚慌失措，他卻若無其事，指著船上一頭正在吃飯的小豬，對他們說，這就是智慧之人應具備的寧靜狀態。

還有一次，一條惡狗撲向他，嚇到他了，有人為此批評，他回答說，要完全擺脫人的弱點並非易事，但人們應竭盡全力與現實抗爭。如果可以，用行為抗爭；不可能的話，則用言辭。我認為庇羅的回答是誠實的，只是不知道和尚在惡狗撲來時能否做到

「不動心」。

替豬洗澡

庇羅與擔任接生員的姊姊一起生活，他經常帶家禽和豬崽到集市販賣。有時他在家裡擦拭家具，把屋子收拾得乾乾淨淨，從無絲毫牢騷。他將漠不動心貫徹到這般田地：據說他曾認認真真地替一頭豬洗澡。

不禁讓我想起《莊子．應帝王》講到的列禦寇，列子「三年不出，為其妻爨，食豕如食人，於事無與親」。列子達到返璞歸真的狀態，在家幫妻子燒火做飯，伺候豬就像伺候人一樣，沒有分別。

像庇羅那樣，在家擦桌子或替豬洗澡，不覺得丟臉，不做判斷、漠不動心，其中一個重要原因在於，只要做判斷就會犯錯，而「懸置判斷」，就可以「心如止水」。

不要做判斷

懷疑論的首要原則就是堅守「呈現」（appearance），拒絕「判斷」（judgement），因為呈現是感性、具體的，而判斷則是理性、普遍的。一旦將呈現上升為判斷，就會犯「獨斷論」的錯誤，而懷疑的目的就是要破除獨斷論。例如懷疑論者會承認：喝蜂蜜時，蜂蜜嘗起來的確是甜的。但懷疑論者的認識到此為止，不會進一步形成判斷：蜂蜜是甜的。

懷疑論不能消滅感覺，卻致力於消滅妄想，即因前思後想而產生的各種觀念。例如小孩子打針前後都會哭，然而疼痛的「呈現」僅存在於打針時，所以小孩子的痛哭是建立在妄想的基礎上。懷疑論者致力於消除人類為自己製造的不必要的精神困擾，從而實現心靈的寧靜。

阿格里帕的「三難困境」

阿格里帕（Agrippa）是懷疑派的後學，以「三難困境」的懷疑論聞名於世。

如果任何一個命題要成立，自然需要有證據支撐。想說「明天要下雨」，你需要提供理由，例如「我聽了天氣預報」，可是「為什麼天氣預報值得信賴」？你需要不斷地為論點提供新的論據，如此一來，會導致無窮無盡的倒退。結果，人們連一句真正有根據的話都說不出來。

為了避免無窮倒退，可以選擇「獨斷論」，即當退到一定地步時，拒絕繼續為論點提供證據，而認為這就是自明的公理。例如世界是物質的，可是物質從哪裡來？回答：物質由上帝創造。那麼，上帝由誰創造？回答：上帝是最終原因。如果承認上帝還有創造者，就重新陷入無窮倒退。

當然，如果既不想陷入無窮倒退，又不想陷入獨斷論，還有第三條路可走，就是循環論證。例如為什麼我是一個誠實的人？因為我從不說謊；反過來，為什麼我從不說謊？因為我是一個誠實的人。再舉一例，為什麼皮膚會排泄汙物？因為皮膚上有毛孔；反過來，為什麼皮膚上會有毛孔？因為皮膚要排泄汙物。循環論證完全沒有說服力，如果循環論證成立，人們就可以信口開河。

明智是一切品德的基礎

伊比鳩魯

（Epicurus，西元前341—270年）

生平大略

伊比鳩魯（Epicurus）是伊比鳩魯學派創始人，而伊比鳩魯主義則是「快樂主義」、「享樂主義」的代名詞。關於他的評價呈現兩種對立的論述：有人說他與妓女往來甚密，縱欲無度到嘔吐，甚至還幫哥哥拉皮條；有人說他粗茶淡飯、簡樸節制、淡泊寧靜、不尚浮華。

他曾問老師，海希奧德詩作中的「混沌」（chaos）代表什麼？如何解釋？結果老師不知所以然，他非常失望，轉而學習哲學。伊比鳩魯去世時七十二歲，據說是死於腎結石。他病了整整十四天，臨死前在大浴盆中洗熱水澡，要了一杯酒一飲而盡，還告誡學生，不要忘記他的學說和教導。

欲望分類

各種欲望中，有些自然而必要，有些自然而非必要，有些既不自然，也非必要，而是出於虛幻。

伊比鳩魯認為，自然而必要的是能解除痛苦的欲望，如渴了就想喝水；自然而非必要的欲望，指的是那些僅能讓快樂多樣化，卻不能解除痛苦的欲望，如吃各種美味佳餚；而頭戴冠冕，為自己豎立雕像，屬於既不自然又不必要的欲望。

對這些的真切認識，讓我們所有的選擇和規避，都指向身體的無痛苦和靈魂的無紛擾，因為這就是幸福生活的目的。

死亡哲學

伊比鳩魯認為，如果一個人說他害怕死亡，不是因為死在目前使他痛苦，而是因為要在將來死而感到痛苦，那麼他就是個傻瓜。事物現在不引起痛苦，卻在期待中產生無根據的痛苦，這是荒謬的。

我們活著時，死亡尚未來臨；死亡來臨時，我們已經不在。因而死亡對生者和死者都沒有關係。對生者來說，它是不存在的，而死者根本就是不死的。

有智慧的人不厭惡生存，也不畏懼死亡。他不認為生是一件惡事，也不把死看作災難。正像人們選擇事物，不單是選數量多的，而是選最精美的，有智慧的人不尋求享受最長的時間，而是尋求享受最快樂的時間。

苦樂人生

根據伊比鳩魯的觀點，我們所有行動的目的都是免除痛苦和恐懼。一旦達到目的，靈魂的騷擾就平息了。動物不必去探尋所短缺的東西，不必尋求與實現靈魂之善和身體之善不相干的事物。當我們缺少快樂和感到痛苦時，就會感到需要快樂。

當我們不痛苦時，就不感到需要快樂，因而我們認為快樂是幸福生活的起點和終點。所有的快樂由於天然與我們相連，所以是善的，但不是所有快樂都值得抉擇。正如所有痛苦都是惡，但不是所有痛苦都要避免一樣。

凡是自然的東西都最容易獲得，只有無價值的事物才難以取得。缺乏而引起的痛苦一旦消失，所獲快樂亦如平常，例如素淡飲食可以與珍饈佳餚產生同樣的快樂。麵包和水被放入饑餓的人口中時，就能帶來最大可能的快樂。習慣於素樸的、簡單的飲食就可以保障維持健康所需的一切，能使一個人滿足於生活必需品而不挑剔。

明智是一切品德的基礎

伊比鳩魯稱，當我們說快樂是終極目標時，不是指放蕩的快樂和肉體之樂，就像某些由於無知、偏見蓄意曲解我們意見的人所認為的那樣，我們認為快樂就是身體的無痛苦和靈魂的不受干擾。構成快樂生活的不是無休止的狂歡、美色、魚肉和餐桌上的佳餚，而是清晰地推理、理性地選擇、排除那些有礙靈魂寧靜的觀念。所有這些的起點及最大的善即明智，因此明智甚至比哲學更為珍貴，其他德性都由此產生。

智者的不幸勝過愚昧者的幸運，簡而言之，在行為中被判定是美好的東西不應看作偶然性的幫助造成。

★格言選錄

- 世界是一團永恆的活火，按一定的分寸燃燒，按一定的分寸熄滅。
- 太陽不能超出它的尺度。
- 萬物轉換為火，火轉換為萬物，猶如貨物兌換成黃金，黃金兌換成貨物一樣。
- 戰爭是萬物之父，亦是萬物之王。它證明這一些是神，另一些是人；它讓這一些成為自由人，另一些成為奴隸。
- 向上的路和向下的路是同一條路。
- 如果沒有高音和低音的存在，就不會有和聲；如果沒有雄性和雌性的對立，就不會有生物。
- 善與惡是統一的。用切割、燒灼、穿刺和撕扯等方式折磨病人的醫生還要索取酬勞，其實他們無理由得到這種報酬。
- 最聰明的人與神相比，只是一隻猴子，猶如最漂亮的猴子與人相比，也是醜陋的一樣。
- 生與死、醒與睡、少與老是統一的。因為前者變化後就是後者，而後者變化後又成為前者。
- 圓周上，起點與終點是共同的。

- 人們不知道如何聽，也不懂得怎樣說。
- 那些覓金者掘土甚多，但獲金甚微。
- 當一人酒醉時，就由一位孩童引領，踉蹌蹣跚，不知去往何處，因為他有著潮溼的靈魂。
- 驢要草料，不要黃金。
- 豬在汙泥濁水中尋歡作樂。
- 最高貴的人們只選取其一而捨棄其他的一切，即有死者永存的榮耀；但是，多數人卻只是狼吞虎嚥地填飽肚子，如同牲畜。
- 剷除暴君比撲滅火災更必要。
- 人民必須保衛法律，正如保衛城垣一樣。
- 在我看來，一個優秀的人抵得上一萬人。
- 我尋求自己。

LEARN 057

哲學家，很有事？：漫談蘇格拉底和16位小夥伴

作　者—賈辰陽
主　編—邱憶伶
責任編輯—陳映儒
行銷企畫—林欣梅
封面設計—兒日
內頁設計—張靜怡

編輯總監—蘇清霖
董 事 長—趙政岷
出 版 者—時報文化出版企業股份有限公司
一〇八〇一九臺北市和平西路三段二四〇號三樓
發行專線—（〇二）二三〇六—六八四二
讀者服務專線—〇八〇〇—二三一—七〇五
（〇二）二三〇四—七一〇三
讀者服務傳真—（〇二）二三〇四—六八五八
郵撥—一九三四四七二四時報文化出版公司
信箱—一〇八九九臺北華江橋郵局第九九信箱

時報悅讀網—http://www.readingtimes.com.tw
電子郵件信箱—newstudy@readingtimes.com.tw
時報出版愛讀者粉絲團—https://www.facebook.com/readingtimes.2
法律顧問—理律法律事務所　陳長文律師、李念祖律師
印　刷—紘億印刷有限公司
初版一刷—二〇二一年七月十六日
定　價—新臺幣三二〇元
（缺頁或破損的書，請寄回更換）

時報文化出版公司成立於一九七五年，
一九九九年股票上櫃公開發行，二〇〇八年脫離中時集團非屬旺中，
以「尊重智慧與創意的文化事業」為信念。

哲學家，很有事？：漫談蘇格拉底和16位小夥伴／
賈辰陽著 . -- 初版 . -- 臺北市：時報文化出版企業股份有限公司 , 2021.07
288 面；14.8×21 公分 . --（LEARN 系列；57）
ISBN 978-957-13-9173-1（平裝）

1. 古希臘哲學　2. 傳記　3. 通俗作品

140.99　　110010167

© 賈辰陽 2020
本書中文繁體版由成都知道青塵文化傳媒有限公司通過中信出版集團股份有限公司獨家授權時報文化出版企業股份有限公司在全球除大陸地區（含港澳）獨家出版發行。
ALL RIGHTS RESERVED

ISBN 978-957-13-9173-1
Printed in Taiwan